मन्नू भंडारी

3 अप्रैल, 1931 को भानपुरा, मध्य प्रदेश में जन्मी मन्नू भंडारी को लेखन-संस्कार पिता श्री सुखसम्पतराय से विरासत में मिले। स्नातकोत्तर के उपरान्त लेखन के साथ-साथ वर्षों दिल्ली विश्वविद्यालय के मिरांडा हाउस में हिन्दी का अध्यापन। विक्रम विश्वविद्यालय, उज्जैन में 'प्रेमचन्द सृजनपीठ' की अध्यक्ष भी रहीं। 'आपका बंटी' और 'महाभोज' आपकी चर्चित औपन्यासिक कृतियाँ हैं। अन्य उपन्यास हैं—'एक इंच मुस्कान' (राजेन्द्र यादव के साथ) तथा 'स्वामी'। ये सभी उपन्यास 'सम्पूर्ण उपन्यास' शीर्षक से एक जिल्द में भी उपलब्ध हैं। आपके कहानी-संग्रह हैं–'एक प्लेट सैलाब', 'मैं हार गई', 'तीन निगाहों की एक तस्वीर', 'यही सच है', 'प्रतिनिधि कहानियाँ' तथा सभी कहानियों का समग्र 'सम्पूर्ण कहानियाँ'। 'एक कहानी यह भी' आपकी आत्मकथ्यात्मक पुस्तक है जिसे आपने अपनी लेखकीय आत्मकथा कहा है। 'निर्मला' और 'रजनीगंधा' आपकी पटकथा पुस्तकें हैं। 'महाभोज', 'बिना दीवारों के घर', 'उजली नगरी चतुर राजा' नाट्य-कृतियाँ तथा बच्चों के लिए पुस्तकों में प्रमुख हैं–'आसमाता' (उपन्यास), 'आँखों देखा झूठ', 'कलवा' (कहानी) आदि। आप 'व्यास सम्मान', 'शिखर सम्मान' (हिन्दी अकादमी, दिल्ली), 'शब्द साधक शिखर सम्मान' आदि से सम्मानित की जा चुकी हैं।

निधन : 15 नवम्बर, 2021

प्रतिनिधि कहानियाँ

मन्नू भंडारी

राजकमल पेपरबैक्स

राजकमल पेपरबैक्स में
पहला संस्करण : 1984
पन्द्रहवाँ संस्करण : 2024

राजकमल पेपरबैक्स : उत्कृष्ट साहित्य के जनसुलभ संस्करण

राजकमल प्रकाशन प्रा.लि.
1-बी, नेताजी सुभाष मार्ग, दरियागंज
नई दिल्ली-110 002
द्वारा प्रकाशित

शाखाएँ : अशोक राजपथ, साइंस कॉलेज के सामने, पटना-800 006
पहली मंजिल, दरबारी बिल्डिंग, महात्मा गांधी मार्ग, प्रयागराज-211 001
1, अनमोल सोराबजी संतुक लेन, धोबी तलाव, मरीन लाइंस, मुम्बई-400 002
वेबसाइट : www.rajkamalprakashan.com
ई-मेल : info@rajkamalprakashan.com

बी.के. ऑफसेट
नवीन शाहदरा, दिल्ली-110 032
द्वारा मुद्रित

मूल्य : ₹199

PRATINIDHI KAHANIYAN
Representative Stories of Mannu Bhandari

ISBN : 978-81-267-0246-6

अन्तरंग आत्मीयता की कहानियाँ

आजादी के बाद के दशक में जिन कहानीकारों ने अपनी अलग पहचान बनाई थी, और हिन्दी-कहानी को नयी दिशा दी थी, उनमें मन्नू भंडारी का नाम विशिष्ट है। रूढ़ियों के प्रति विद्रोह और एक स्वस्थ आधुनिक दृष्टि उनकी कहानियों की आधारभूत शक्ति है, वे विशिष्ट इसलिए भी हैं कि मन्नूजी आज भी सृजनरत हैं, हालाँकि इस लम्बे दौर में निरन्तर लिखते हुए भी उन्होंने अधिक नहीं लिखा, लेकिन जो लिखा उसमें अपने एक निश्चित स्तर से नीचे वे कहीं नहीं उतरीं। अनुभूतियों, संवेदनाओं का सामाजिक-राजनीति चेतना के नित नये आयामों का उद्घाटन ही उनकी रचनाओं की सबसे बड़ी शक्ति है। यही कारण है कि जहाँ अनेक रचनाकार कुछ समय बाद अपने-आपको दोहराना शुरू कर देते हैं, मन्नूजी ने पुनरावृत्ति नहीं की है। उनके अनुभव की पूँजी चुकी नहीं है—जितना वे खर्च करती हैं उतना ही नया भी उसमें जोड़ती जाती हैं। अजितकुमार से बातचीत करते हुए एक बार उन्होंने कहा था—"कभी-कभी कोई 'ब्रिलियंट आइडिया' जरूर लिखने के लिए उकसाता है, पर जब तक वह जीवन के साथ पूरी तरह गुँथ नहीं जाता, कहानी के रूप में उसे ढालना मेरे लिए सम्भव नहीं होता। जीवन की धड़कन से भरपूर स्थितियाँ, विचार या समस्याएँ ही मुझे लिखने के लिए प्रेरित करती हैं।" दूसरों से जुड़ी घटनाओं को भी वे अपने भीतर जीती हैं, और इतनी शिद्दत से जीती हैं कि वे घटनाएँ उनका अपना यथार्थ बन जाती हैं। मन्नूजी के लेखन में जो ताजगी और धार मिलती है, उसका शायद यही रहस्य है।

मन्नू भंडारी के पात्र ओढ़ी हुई बौद्धिकता के अहंकार में अपने परिवेश से कट नहीं जाते, बल्कि उनकी सहज मानवीय संवेदनाएँ बाह्य परिस्थितियों से टकराकर ऐसे चरित्रों को जन्म देती हैं जो हमें नितान्त निजी लगते हैं, हमारा अन्तरंग उनके साथ आत्मीयता स्थापित कर लेता है।

एक महिला-कथाकार के नाते (गो कथाकार को महिला-कथाकार और पुरुष-कथाकार के खानों में बाँटना एक हास्यास्पद कोशिश है) मन्नू भंडारी ने नारी-मनोविज्ञान को बहुत बारीकी से चित्रित किया है। 'भारतीय नारी' के तथाकथित आदर्शों के घटाटोप में छटपटाती नारी की आशाओं, आकांक्षाओं और लालसाओं को उन्होंने निर्भ्रान्त वाणी दी है, जिससे उनके नारी-पात्र 'भारतीय नारी' के आर्केटाइप न रहकर अपने स्वतंत्र अस्तित्व का उद्घोष करते दिखाई देते हैं। राजेन्द्र यादव के शब्दों में, "व्यर्थ के भावोच्छ्वास में नारी के आँचल का दूध और आँखों का पानी दिखाकर उसने (मन्नू भंडारी ने) पाठकों की दया नहीं वसूली...वह एकदम यथार्थ के धरातल पर नारी का नारी की दृष्टि से अंकन करती है।" मन्नूजी की नारी "देवी और दानवी के दो छोरों के बीच टकराती 'पहेली' नहीं, हाड़-मांस की मानवी भी है।"

व्यक्ति-मन की कहानी लिखते हुए भी मन्नू भंडारी ने जैसे जीवन की सहजता को हाथ से नहीं छूटने दिया है, उसी तरह उनका शिल्प एक स्वच्छंद गति से बहते हुए सोते की तरह नैसर्गिक है। जटिल-से-जटिल मनोवैज्ञानिक स्थितियों के चित्रण-विश्लेषण में भी यह सहजता बनी रहती है; और साथ ही, एक स्वत:स्फूर्त कलात्मक संयम शुरू से आख़िर तक दिखाई देता है, जिसके चलते उनके नारी-पात्रों का रूढ़ि-विरोधी और साहसी-उन्मुक्त आचरण भी शिष्टता और शालीनता की सीमाएँ नहीं लाँघ पाता।

मन्नू भंडारी के लेखन में जहाँ व्यक्ति-मन की खोज-खबर है, वहीं उनके सामाजिक सरोकार भी बहुत मुखर हैं। प्रस्तुत संकलन में उनके ये सभी रंग पाठकों के सामने आ सकें, यही कोशिश रही है।

—मोहन गुप्त

क्रम

यही सच है

कानपुर

सामने आँगन में फैली धूप सिमटकर दीवारों पर चढ़ गई और कन्धे पर बस्ता लटकाए नन्हे-नन्हे बच्चों के झुंड-के-झुंड दिखाई दिए, तो एकाएक ही मुझे समय का आभास हुआ।...घंटा-भर हो गया यहाँ खड़े-खड़े और संजय का अभी तक पता नहीं! झुँझलाती-सी मैं कमरे में आती हूँ। कोने में रखी मेज़ पर किताबें बिखरी पड़ी हैं, कुछ खुली, कुछ बन्द। एक क्षण मैं उन्हें देखती रहती हूँ, फिर निरुद्देश्य-सी कपड़ों की आलमारी खोलकर सरसरी-सी नज़र से कपड़े देखती हूँ। सब बिखरे पड़े हैं। इतनी देर यों ही व्यर्थ खड़ी रही; इन्हें ही ठीक कर लेती। पर मन नहीं करता और फिर बन्द कर देती हूँ।

नहीं आना था तो व्यर्थ ही मुझे समय क्यों दिया? फिर यह कोई आज ही की बात है! हमेशा संजय अपने बताए हुए समय से घंटे-दो घंटे देरी करके आता है, और मैं हूँ कि उसी क्षण से प्रतीक्षा करने लगती हूँ। उसके बाद लाख कोशिश करके भी तो किसी काम में अपना मन नहीं लगा पाती। वह क्यों नहीं समझता कि मेरा समय बहुत अमूल्य है; थीसिस पूरी करने के लिए अब मुझे अपना सारा समय पढ़ाई में ही लगाना चाहिए। पर यह बात उसे कैसे समझाऊँ!

मेज़ पर बैठकर मैं फिर पढ़ने का उपक्रम करने लगती हूँ, पर मन है कि लगता ही नहीं। पर्दे के ज़रा-से हिलने से दिल की धड़कन बढ़ जाती है और बार-बार नज़र घड़ी के सरकते हुए काँटों पर दौड़ जाती है। हर समय यही लगता है, वह आया!...वह आया!...

तभी मेहता साहब की पाँच साल की छोटी बच्ची झिझकती-सी कमरे में आती है, "आंटी, हमें कहानी सुनाओगी?"

"नहीं, अभी नहीं, पीछे आना!" मैं रुखाई से जवाब देती हूँ। वह भाग जाती है।

ये मिसेज़ मेहता भी एक ही हैं! यों तो महीनों शायद मेरी सूरत नहीं देखतीं; पर बच्ची को जब-तब मेरा सिर खाने को भेज देती हैं। मेहता साहब तो फिर भी कभी-कभी आठ-दस दिन में खैरियत पूछ ही लेते हैं, पर वे तो बेहद अकड़ू मालूम होती हैं। अच्छा ही है, ज़्यादा दिलचस्पी दिखातीं तो क्या मैं इतनी आज़ादी से घूम-फिर सकती थी?

खट-खट-खट...वही परिचित पद ध्वनि! तो आ गया संजय। मैं बरबस ही अपना सारा ध्यान पुस्तक में केन्द्रित कर लेती हूँ। रजनीगन्धा के ढेर सारे फूल लिये संजय मुस्कुराता-सा दरवाज़े पर खड़ा है। मैं देखती हूँ, पर मुस्कुराकर स्वागत नहीं करती। हँसता हुआ वह आगे बढ़ता है और फूलों को मेज़ पर पटककर, पीछे से मेरे दोनों कन्धे दबाता हुआ पूछता है, "बहुत नाराज़ हो?"

रजनीगन्धा की महक से जैसे सारा कमरा महकने लगता है।

"मुझे क्या करना है नाराज़ होकर?" रुखाई से मैं कहती हूँ।

वह कुर्सी सहित मुझे घुमाकर अपने सामने कर लेता है, और बड़े दुलार के साथ ठोड़ी उठाकर कहता, "तुम्हीं बताओ, क्या करता? क्वालिटी में दोस्तों के बीच फँसा था। बहुत कोशिश करके भी उठ नहीं पाया। सबको नाराज़ करके आना अच्छा भी तो नहीं लगता।"

इच्छा होती है, कह दूँ, तुम्हें दोस्तों का ख़याल है, उनके बुरा मानने की चिन्ता है, बस मेरी ही नहीं! पर कुछ कह नहीं पाती, एकटक उसके चेहरे की ओर देखती रहती हूँ...उसके साँवले चेहरे पर पसीने की बूँदें चमक रही हैं। कोई और समय होता तो मैंने अपने आँचल से इन्हें पोंछ दिया होता, पर आज नहीं। वह मन्द-मन्द मुस्कुरा रहा है, उसकी आँखें क्षमा-याचना कर रही हैं, पर मैं क्या करूँ?...तभी वह अपनी आदत के अनुसार कुर्सी के हत्थे पर बैठकर मेरे गाल सहलाने लगता है। मुझे उसकी इसी बात पर ग़ुस्सा आता है। हमेशा इसी तरह करेगा और फिर दुनिया-भर का लाड़-दुलार दिखलाएगा। वह जानता जो है कि इसके आगे मेरा क्रोध टिक नहीं पाता।...फिर उठकर वह फूलदान के पुराने फूल फेंक देता है, और नए फूल लगाता है। फूल सजाने में वह कितना कुशल है! एक बार मैंने यों ही कह दिया था कि मुझे रजनीगन्धा के फूल बड़े पसन्द हैं, तो उसने नियम ही बना लिया कि हर चौथे दिन ढेर सारे फूल लाकर मेरे कमरे में लगा देता है। और अब तो मुझे भी ऐसी आदत हो गई है कि एक दिन भी कमरे में फूल न रहें तो न पढ़ने में

मन लगता है, न सोने में। ये फूल जैसे संजय की उपस्थिति का आभास देते रहते हैं।

थोड़ी देर बाद हम घूमने निकल जाते हैं। एकाएक ही मुझे इरा के पत्र की बात याद आती है। जो बात सुनाने के लिए मैं सबेरे से ही आतुर थी, इस ग़ुस्सेबाज़ी में जाने कैसे उसे ही भूल गई थी!

''सुनो, इरा ने लिखा है कि किसी दिन भी मेरे पास इंटरव्यू का बुलावा आ सकता है, मुझे तैयार रहना चाहिए।''

''कहाँ, कलकत्ता से?'' कुछ याद करते हुए संजय पूछता है, और फिर एकाएक ही उछल पड़ता है, ''यदि तुम्हें वह जॉब मिल जाए तो मज़ा आ जाए, दीपा, मज़ा आ जाए!''

हम सड़क पर हैं, नहीं तो अवश्य ही उसने आवेश में आकर कोई हरकत कर डाली होती। जाने क्यों, मुझे उसका इस प्रकार प्रसन्न होना अच्छा नहीं लगता। क्या वह चाहता है कि मैं कलकत्ता चली जाऊँ, उससे दूर?...

तभी सुनाई देता है, ''तुम्हें यह जॉब मिल जाए तो सच मैं भी अपना तबादला कलकत्ता ही करवा लूँ, हेड ऑफ़िस में। यहाँ रोज़ की किच-किच से तो मेरा मन ऊब गया है। कितनी ही बार सोचा कि तबादले की कोशिश करूँ, पर तुम्हारे ख़याल ने हमेशा मुझे बाँध लिया। ऑफ़िस में शान्ति हो जाएगी, पर मेरी शामें कितनी वीरान हो जाएँगी!''

उसके स्वर की आर्द्रता ने मुझे छू लिया। एकाएक ही मुझे लगने लगा कि रात बड़ी सुहावनी हो चली है।

हम दूर निकलकर अपनी प्रिय टेकरी पर जाकर बैठ जाते हैं। दूर-दूर तक हल्की-सी चाँदनी फैली हुई है, और शहर की तरह यहाँ का वातावरण धुएँ से भरा हुआ नहीं है। वह दोनों पैर फैलाकर बैठ जाता है और घंटों मुझे अपने ऑफ़िस के झगड़े की बातें सुनाता है और फिर कलकत्ता जाकर साथ जीवन बिताने की योजनाएँ बनाता है। मैं कुछ नहीं बोलती, बस एकटक उसे देखती हूँ, देखती रहती हूँ।

जब वह चुप हो जाता है तो बोलती हूँ, ''मुझे तो इंटरव्यू में जाते हुए बड़ा डर लगता है। पता नहीं, कैसे क्या पूछते होंगे! मेरे लिए तो यह पहला ही मौक़ा है।''

वह खिलखिलाकर हँस पड़ता है।

''तुम भी एक ही मूर्ख हो! घर से दूर, यहाँ कमरा लेकर अकेली रहती

हो, रिसर्च कर रही हो, दुनिया-भर में घूमती-फिरती हो और इंटरव्यू के नाम से डर लगता है। क्यों?'' और गाल पर हल्की-सी चपत जमा देता है। फिर समझाता हुआ कहता है, ''और देखो, आजकल ये इंटरव्यू आदि तो सब दिखावा-मात्र होते हैं। वहाँ किसी जान-पहचान वाले से इन्फ्लुएंस डलवाना जाकर!''

''पर कलकत्ता तो मेरे लिए एकदम नई जगह है। वहाँ इरा को छोड़कर मैं किसी को जानती भी नहीं। अब उन लोगों की कोई जान-पहचान हो तो बात दूसरी है,'' असहाय-सी मैं कहती हूँ।

''और किसी को नहीं जानती?'' फिर मेरे चेहरे पर नज़रें गड़ाकर पूछता है, ''निशीथ भी तो वहीं है?''

''होगा, मुझे क्या करना है उससे?'' मैं एकदम ही भन्नाकर जवाब देती हूँ। पता नहीं क्यों, मुझे लग ही रहा था कि अब वह यही बात कहेगा।

''कुछ नहीं करना?'' वह छेड़ने के लहजे में कहता है।

और मैं भभक पड़ती हूँ : ''देखो संजय, मैं हज़ार बार तुमसे कह चुकी हूँ कि उसे लेकर मुझसे मज़ाक़ मत किया करो! मुझे इस तरह का मज़ाक़ ज़रा भी पसन्द नहीं है!''

वह खिलखिलाकर हँस पड़ता है, पर मेरा तो मूड ही खराब हो जाता है।

हम लौट पड़ते हैं। वह मुझे ख़ुश करने के इरादे से मेरे कन्धे पर हाथ रख देता है। मैं झपटकर हाथ हटा देती हूँ : ''क्या कर रहे हो? कोई देख लेगा तो क्या कहेगा?''

''कौन है यहाँ जो देख लेगा? और देख लेगा तो देख ले, आप ही कुढ़ेगा।''

''नहीं, हमें पसन्द नहीं है यह बेशर्मी!'' और सच ही मुझे रास्ते में ऐसी हरकतें पसन्द नहीं हैं। चाहे रास्ता निर्जन ही क्यों न हो; पर है तो रास्ता ही; फिर कानपुर जैसी जगह।

कमरे में लौटकर मैं उसे बैठने को कहती हूँ; पर वह बैठता नहीं; बस, बाँहों में भरकर एक बार चूम लेता है। यह भी जैसे उसका रोज़ का नियम है।

वह चला जाता है। मैं बाहर बालकनी में निकलकर उसे देखती रहती हूँ।...उसका आकार छोटा होते-होते सड़क के मोड़ पर जाकर लुप्त हो जाता है। मैं उधर ही देखती रहती हूँ—निरुद्देश्य-सी खोई-खोई-सी। फिर आकर पढ़ने बैठ जाती हूँ।

रात में सोती हूँ तो देर तक मेरी आँखें मेज़ पर लगे रजनीगन्धा के फूलों को ही निहारती रहती हैं। जाने क्यों, अक्सर मुझे भ्रम हो जाता है कि ये फूल नहीं हैं, मानो संजय की अनेकानेक आँखें हैं, जो मुझे देख रही हैं, सहला रही हैं, दुलरा रही हैं। और अपने को यों असंख्य आँखों से निरन्तर देखे जाने की कल्पना से ही मैं लजा जाती हूँ।

मैंने संजय को भी एक बार यह बात बताई थी, तो वह खूब हँसा था और फिर मेरे गालों को सहलाते हुए उसने कहा था कि मैं पाग़ल हूँ, निरी मूर्खा हूँ!

कौन जाने, शायद उसका कहना ही ठीक हो, शायद मैं पाग़ल ही होऊँ!

कानपुर

मैं जानती हूँ, संजय का मन निशीथ को लेकर जब-तब सशंकित हो उठता है; पर मैं उसे कैसे विश्वास दिलाऊँ कि मैं निशीथ से नफ़रत करती हूँ, उसकी याद-मात्र से मेरा मन घृणा से भर उठता है।...फिर अठारह वर्ष की आयु में किया हुआ प्यार भी कोई प्यार होता है भला! निरा बचपन होता है, महज पाग़लपन! उसमें आवेश रहता है पर स्थायित्व नहीं, गति रहती है पर गहराई नहीं। जिस वेग से वह आरम्भ होता है, ज़रा-सा झटका लगने पर उसी वेग से टूट भी जाता है।...और उसके बाद आहों, आँसुओं और सिसकियों का एक दौरा, सारी दुनिया की निस्सारता और आत्महत्या करने के अनेकानेक संकल्प और फिर एक तीख़ी घृणा। जैसे ही जीवन को दूसरा आधार मिल जाता है, उन सबको भूलने में एक दिन भी नहीं लगता। फिर तो वह सब ऐसी बेवकूफ़ी लगती है, जिस पर बैठकर घंटों हँसने की तबीयत होती है। तब एकाएक ही इस बात का अहसास होता है कि ये सारे आँसू, ये सारी आहें उस प्रेमी के लिए नहीं थीं, वरन् जीवन की उस रिक्तता और शून्यता के लिए थीं, जिसने जीवन को नीरस बनाकर बोझिल कर दिया था।

तभी तो संजय को पाते ही मैं निशीथ को भूल गई। मेरे आँसू हँसी में बदल गए और आहों की जगह किलकारियाँ गूँजने लगीं। पर संजय है कि जब-तब निशीथ की बात को लेकर व्यर्थ ही खिन्न-सा हो उठता है। मेरे कुछ कहने पर वह खिलखिला अवश्य पड़ता है; पर मैं जानती हूँ, वह पूर्ण रूप से आश्वस्त नहीं है।

उसे कैसे बताऊँ कि मेरे प्यार का, मेरी कोमल भावनाओं का, भविष्य

की मेरी अनेकानेक योजनाओं का एकमात्र केन्द्र संजय ही है। यह बात दूसरी है कि चाँदनी रात में, किसी निर्जन स्थान में, पेड़-तले बैठकर भी मैं अपनी थीसिस की बात करती हूँ या वह अपने ऑफ़िस की, मित्रों की बातें करता है, या हम किसी और विषय पर बात करने लगते हैं...पर इस सबका यह मतलब तो नहीं कि हम प्रेम नहीं करते! वह क्यों नहीं समझता कि आज हमारी भावुकता यथार्थ में बदल गई है, सपनों की जगह हम वास्तविकता में जीते हैं! हमारे प्रेम को परिपक्वता मिल गई है, जिसका आधार पाकर वह अधिक गहरा हो गया है, स्थायी हो गया है।

पर संजय को कैसे समझाऊँ यह सब? कैसे उसे समझाऊँ कि निशीथ ने मेरा अपमान किया है, ऐसा अपमान, जिसकी कचोट से मैं आज भी तिलमिला जाती हूँ। सम्बन्ध तोड़ने से पहले एक बार तो उसने मुझे बताया होता कि आख़िर मैंने ऐसा कौन-सा अपराध कर डाला था, जिसके कारण उसने मुझे इतना कठोर दंड दे डाला? सारी दुनिया की भर्त्सना, तिरस्कार, परिहास और दया का विष मुझे पीना पड़ा।...विश्वासघाती! नीच कहीं का!...और संजय सोचता है कि आज भी मेरे मन में उसके लिए कोई कोमल स्थान है! छिः! मैं उससे नफ़रत करती हूँ! और सच पूछो तो अपने को भाग्यशालिनी समझती हूँ कि मैं एक ऐसे व्यक्ति के चंगुल में फँसने से बच गई, जिसके लिए प्रेम महज एक खिलवाड़ है।

संजय, यह तो सोचो कि यदि ऐसी कोई भी बात होती, तो क्या मैं तुम्हारे आगे, तुम्हारी हर उचित-अनुचित चेष्टा के आगे, यों आत्मसमर्पण करती? तुम्हारे चुम्बनों और आलिंगनों में अपने को यों बिखरने देती? जानते हो, विवाह से पहले कोई भी लड़की किसी को इन सबका अधिकार नहीं देती। पर मैंने दिया। क्या केवल इसीलिए नहीं कि मैं तुम्हें प्यार करती हूँ, बहुत-बहुत प्यार करती हूँ? विश्वास करो संजय, तुम्हारा-मेरा प्यार ही सच है। निशीथ का प्यार तो मात्र छल था, भ्रम था, झूठ था।

कानपुर

परसों मुझे कलकत्ता जाना है। सच, बड़ा डर लग रहा है! कैसे क्या होगा? मान लो, इंटरव्यू में बहुत नर्वस हो गई, तो? संजय को कह रही हूँ कि वह भी साथ चले; पर उसे ऑफ़िस से छुट्टी नहीं मिल सकती। एक तो नया शहर, फिर इंटरव्यू! अपना कोई साथ होता तो बड़ा सहारा मिल जाता। मैं

कमरा लेकर अकेली रहती हूँ, यों अकेली घूम-फिर भी लेती हूँ तो संजय सोचता है, मुझमें बड़ी हिम्मत है, पर सच, बड़ा डर लग रहा है।

बार-बार मैं यह मान लेती हूँ कि मुझे नौकरी मिल गई है और मैं संजय के साथ वहाँ रहने लगी हूँ। कितनी सुन्दर कल्पना है, कितनी मादक! पर इंटरव्यू का भय मादकता से भरे इस स्वप्नजाल को छिन्न-भिन्न कर देता है...।

काश, संजय भी किसी तरह मेरे साथ चल पाता!

कलकत्ता

गाड़ी जब हावड़ा स्टेशन के प्लेटफॉर्म पर प्रवेश करती है तो जाने कैसी विचित्र आशंका, विचित्र-से भय से मेरा मन भर जाता है। प्लेटफॉर्म पर खड़े असंख्य नर-नारियों में मैं इरा को ढूँढ़ती हूँ। वह कहीं दिखाई नहीं देती। नीचे उतरने के बजाय खिड़की में से ही दूर-दूर तक नज़रें दौड़ाती हूँ।...आख़िर एक कुली को बुलाकर, अपना छोटा-सा सूटकेस और बिस्तर उतारने का आदेश दे, मैं नीचे उतर पड़ती हूँ। उस भीड़ को देखकर मेरी दहशत जैसे और बढ़ जाती है। तभी किसी के हाथ के स्पर्श से मैं बुरी तरह चौंक जाती हूँ। पीछे देखती हूँ तो इरा खड़ी है।

रूमाल से चेहरे का पसीना पोंछते हुए कहती हूँ : "ओफ! तुझे न देखकर मैं घबरा रही थी कि तुम्हारे घर भी कैसे पहुँचूँगी!"

बाहर आकर हम टैक्सी में बैठते हैं। अभी तक मैं स्वस्थ नहीं हो पाई हूँ। जैसे ही हावड़ा-पुल पर गाड़ी पहुँचती है, हुगली के जल को स्पर्श करती हुई ठंडी हवाएँ तन-मन को एक ताजगी से भर देती हैं। इरा मुझे इस पुल की विशेषता बताती है और मैं विस्मित-सी उस पुल को देखती हूँ, दूर-दूर तक फैले हुगली के विस्तार को देखती हूँ, उसकी छाती पर खड़ी और विहार करती अनेक नौकाओं को देखती हूँ, बड़े-बड़े जहाजों को देखती हूँ...

उसके बाद बहुत ही भीड़-भरी सड़कों पर हमारी टैक्सी रुकती-रुकती चलती है। ऊँची-ऊँची इमारतों और चारों ओर के वातावरण से कुछ विचित्र-सी विराटता का आभास होता है, और इस सबके बीच जैसे मैं अपने को बड़ा खोया-खोया-सा महसूस करती हूँ। कहाँ पटना और कानपुर और कहाँ यह कलकत्ता! मैंने तो आज तक कभी बहुत बड़े शहर देखे ही नहीं!

सारी भीड़ को चीरकर हम रैड रोड पर आ जाते हैं। चौड़ी शान्त सड़क। मेरे दोनों ओर लम्बे-चौड़े खुले मैदान।

"क्यों इरा, कौन-कौन लोग होंगे इंटरव्यू में? मुझे तो बड़ा डर लग रहा है।"

"अरे, सब ठीक हो जाएगा! तू और डर? हम जैसे डरें तो कोई बात भी है। जिसने अपना सारा कैरियर अपने-आप बनाया, वह भला इंटरव्यू में डरे!" फिर कुछ देर ठहरकर कहती है, "अच्छा, भैया-भाभी तो पटना ही होंगे? जाती है कभी उनके पास भी या नहीं?"

"कानपुर आने के बाद एक बार गई थी। कभी-कभी यों ही पत्र लिख देती हूँ।"

"भई, कमाल के लोग हैं! बहन को भी नहीं निभा सके!"

मुझे यह प्रसंग कतई पसन्द नहीं। मैं नहीं चाहती कि कोई इस विषय पर बात करे। मैं मौन ही रहती हूँ।

इरा का छोटा-सा घर है, सुन्दर ढंग से सजाया हुआ। उसके पति के दौरे पर जाने की बात सुनकर पहले तो मुझे अफ़सोस हुआ था; वे होते तो कुछ मदद ही करते! पर फिर एकाएक लगा कि उनकी अनुपस्थिति में मैं शायद अधिक स्वतंत्रता का अनुभव कर सकूँ। उनका बच्चा भी बड़ा प्यारा है।

शाम को इरा मुझे कॉफी-हाउस ले जाती है। अचानक मुझे वहाँ निशीथ दिखाई देता है। मैं सकपकाकर नज़र घुमा लेती हूँ। पर वह हमारी मेज़ पर ही आ पहुँचता है। विवश होकर मुझे उधर देखना पड़ता है, नमस्कार भी करना पड़ता है, इरा का परिचय भी करवाना पड़ता है। इरा पास की कुर्सी पर बैठने का निमंत्रण दे देती है। मुझे लगता है, मेरी साँस रुक जाएगी।

"कब आईं?"

"आज सवेरे ही।"

"अभी ठहरोगी? ठहरी कहाँ हो?"

जवाब इरा देती है। मैं देख रही हूँ, निशीथ बहुत बदल गया है। उसने कवियों की तरह बाल बढ़ा लिये हैं। यह क्या शौक चर्राया? उसका रंग स्याह पड़ गया है। वह दुबला भी हो गया है।

विशेष बातचीत नहीं होती और हम लोग उठ पड़ते हैं। इरा को मुन्नू की चिन्ता सता रही थी, और मैं स्वयं भी घर पहुँचने को उतावली हो रही थी।

कॉफ़ी-हाउस से धर्मतल्ला तक वह पैदल चलता हुआ हमारे साथ आता है। इरा उससे बात कर रही है, मानो वह इरा का ही मित्र हो! इरा अपना पता समझा देती है और वह दूसरे दिन नौ बजे आने का वायदा करके चला जाता है।

पूरे तीन साल बाद निशीथ का यों मिलना! न चाहकर भी जैसे सारा अतीत आँखों के सामने खुल जाता है। बहुत दुबला हो गया है निशीथ!...लगता है, जैसे मन में कहीं कोई गहरी पीड़ा छिपाए बैठा है।

मुझसे अलग होने का दुःख तो नहीं साल रहा है इसे?

कल्पना चाहे कितनी भी मधुर क्यों न हो, एक तृप्ति-युक्त आनन्द देनेवाली क्यों न हो; पर मैं जानती हूँ, यह झूठ है। यदि ऐसा ही था तो कौन उसे कहने गया था कि तुम इस सम्बन्ध को तोड़ दो? उसने अपनी इच्छा से ही तो यह सब किया था।

एकाएक ही मेरा मन कटु हो उठता है। यही तो है वह व्यक्ति जिसने मुझे अपमानित करके सारी दुनिया के सामने छोड़ दिया था, महज उपहास का पात्र बनाकर! ओह! क्यों नहीं मैंने उसे पहचानने से इनकार कर दिया? जब वह मेज़ के पास आकर खड़ा हुआ, तो क्यों नहीं मैंने कह दिया कि माफ़ कीजिए, मैं आपको पहचानती नहीं? ज़रा उसका खिसियाना तो देखती! वह कल भी आएगा। मुझे उसे साफ़-साफ़ मना कर देना चाहिए था कि मैं उसकी सूरत भी नहीं देखना चाहती, मैं उससे नफ़रत करती हूँ...!

अच्छा है, आए कल! मैं उसे बता दूँगी कि जल्दी ही मैं संजय से विवाह करनेवाली हूँ। यह भी बता दूँगी कि मैं पिछला सब कुछ भूल चुकी हूँ। यह भी बता दूँगी कि मैं उससे घृणा करती हूँ और उसे ज़िन्दगी में कभी माफ़ नहीं कर सकती...

यह सब सोचने के साथ-साथ जाने क्यों, मेरे मन में यह बात भी उठ रही थी कि तीन साल हो गए, अभी तक निशीथ ने विवाह क्यों नहीं किया? करे, न करे, मुझे क्या...!

क्या वह आज भी मुझसे कुछ उम्मीद रखता है? हूँ! मूर्ख कहीं का!

संजय! मैंने तुमसे कितना कहा था कि तुम मेरे साथ चलो; पर तुम नहीं आए।...इस समय जबकि मुझे तुम्हारी इतनी-इतनी याद आ रही है, बताओ, मैं क्या करूँ?

कलकत्ता

नौकरी पाना इतना मुश्किल है, इसका मुझे गुमान तक नहीं था। इरा कहती है कि डेढ़ सौ की नौकरी के लिए खुद मिनिस्टर तक सिफारिश करने पहुँच जाते हैं, फिर यह तो तीन सौ का जॉब है।...निशीथ सवेरे से शाम तक इसी चक्कर में भटका है, यहाँ तक कि उसने अपने ऑफ़िस से भी छुट्टी ले ली है। वह क्यों मेरे काम में इतनी दिलचस्पी ले रहा है? उसका परिचय बड़े-बड़े लोगों से है और वह कहता है कि जैसे भी होगा, वह काम मुझे दिलाकर ही मानेगा। पर आख़िर क्यों?

कल मैंने सोचा था कि अपने व्यवहार की रुखाई से मैं स्पष्ट कर दूँगी कि अब वह मेरे पास न आए। पौने नौ बजे के क़रीब, जब मैं अपने टूटे हुए बाल फेंकने खिड़की पर गई, तो देखा, घर से थोड़ी दूर पर निशीथ टहल रहा है। वही लम्बे बाल, कुरता-पाजामा। तो वह समय से पहले ही आ गया! संजय होता तो ग्यारह के पहले नहीं पहुँचता, समय पर पहुँचना तो वह जानता ही नहीं।

उसे यों चक्कर काटते देख मेरा मन जाने कैसा हो आया!...और जब वह आया तो मैं चाहकर भी कटु नहीं हो सकी। मैंने उसे कलकत्ता आने का मकसद बताया, तो लगा कि वह बड़ा प्रसन्न हुआ। वहीं बैठे-बैठे फ़ोन करके उसने इस नौकरी के सम्बन्ध में सारी जानकारी प्राप्त कर ली, कैसे क्या करना होगा, उसकी योजना भी बना डाली; बैठे-बैठे फ़ोन से ऑफ़िस को सूचना भी दे दी कि आज वह ऑफ़िस नहीं आएगा।

विचित्र स्थिति मेरी हो रही थी। उसके इस अपनत्व-भरे व्यवहार को मैं स्वीकार भी नहीं कर पाती थी, नकार भी नहीं पाती थी। सारा दिन मैं उसके साथ घूमती रही; पर काम की बात के अतिरिक्त उसने एक भी बात नहीं की। मैंने कई बार चाहा कि संजय की बात बता दूँ; पर बता नहीं सकी। सोचा, कहीं वह सुनकर यह दिलचस्पी लेना कम न कर दे। उसके आज-भर के प्रयत्नों से ही मुझे काफ़ी उम्मीद हो चली थी। यह नौकरी मेरे लिए कितनी आवश्यक है, मिल जाए तो संजय कितना प्रसन्न होगा, हमारे विवाहित जीवन के आरम्भिक दिन कितने सुख में बीतेंगे!

शाम को हम घर लौटते हैं। मैं उसे बैठने को कहती हूँ; पर वह बैठता नहीं, बस खड़ा ही रहता है। उसके चौड़े ललाट पर पसीने की बूँदें चमक रही हैं। एकाएक ही मुझे लगता है, इस समय संजय होता, तो? मैं अपने आँचल

से उसका पसीना पोंछ देती, और वह...क्या बिना बाँहों में भरे, बिना प्यार किए यों ही चला जाता?

"अच्छा, तो चलता हूँ।"

यंत्रचलित-से मेरे हाथ जुड़ जाते हैं, वह लौट पड़ता है और मैं ठगी-सी देखती रहती हूँ।

सोते समय मेरी आदत है कि मैं संजय के लाए हुए फूलों को निहारती रहती हूँ। यहाँ वे फूल नहीं हैं तो बड़ा सूना-सूना सा लग रहा है।

पता नहीं संजय, तुम इस समय क्या कर रहे हो! तीन दिन हो गए, किसी ने बाँहों में भरकर प्यार तक नहीं किया...

कलकत्ता

आज सवेरे मेरा इंटरव्यू हो गया है। मैं शायद बहुत नर्वस हो गई थी और जैसे उत्तर मुझे देने चाहिए, वैसे नहीं दे पाई। पर निशीथ ने आकर बताया कि मेरा चुना जाना क़रीब-क़रीब तय हो गया है। मैं जानती हूँ, यह सब निशीथ की वजह से ही हुआ।

ढलते सूरज की धूप निशीथ के बाएँ गाल पर पड़ रही थी और सामने बैठा निशीथ इतने दिन बाद एक बार फिर मुझे बड़ा प्यारा-सा लगा।

मैंने देखा, मुझसे ज़्यादा वह प्रसन्न है। वह कभी किसी का अहसान नहीं लेता; पर मेरी ख़ातिर उसने न जाने कितने लोगों का अहसान लिया। आख़िर क्यों? क्या वह चाहता है कि मैं कलकत्ता आकर रहूँ उसके साथ, उसके पास? एक अजीब-सी पुलक से मेरा तन-मन सिहर उठता है। वह ऐसा क्यों चाहता है? उसका ऐसा चाहना बहुत ग़लत है, बहुत अनुचित है!...मैं अपने मन को समझाती हूँ, ऐसी कोई बात नहीं है, शायद वह केवल मेरे प्रति किए गए अन्याय का प्रतिकार करने के लिए यह सब कर रहा है! पर क्या वह समझता है कि उसकी मदद से नौकरी पाकर मैं उसे क्षमा कर दूँगी, या जो कुछ उसने किया है, उसे भूल जाऊँगी? असम्भव! मैं कल ही उसे संजय की बात बता दूँगी।

"आज तो इस ख़ुशी में पार्टी हो जाए!"

काम की बात के अलावा यह पहला वाक्य मैं उसके मुँह से सुनती हूँ, मैं इरा की ओर देखती हूँ। वह प्रस्ताव का समर्थन करके भी मुन्नू की तबीयत का बहाना लेकर अपने को काट लेती है। अकेले जाना मुझे कुछ अटपटा-

सा लगता है। अभी तक तो काम का बहाना लेकर घूम रही थी, पर अब? फिर भी मैं मना नहीं कर पाती। अन्दर जाकर तैयार होती हूँ। मुझे याद आता है, निशीथ को नीला रंग बहुत पसन्द था, मैं नीली साड़ी ही पहनती हूँ। बड़े चाव और सतर्कता से अपना प्रसाधन करती हूँ, और बार-बार अपने को टोकती जाती हूँ—किसको रिझाने के लिए यह सब हो रहा है? क्या यह निरा पाग़लपन नहीं है?

सीढ़ियों पर निशीथ हल्की-सी मुस्कुराहट के साथ कहता है, "इस साड़ी में तुम बहुत सुन्दर लग रही हो।"

मेरा चेहरा तमतमा जाता है; कनपटियाँ सुर्ख हो जाती हैं। मैं सचमुच ही इस वाक्य के लिए तैयार नहीं थी। यह सदा चुप रहनेवाला निशीथ बोला भी तो ऐसी बात।

मुझे ऐसी बातें सुनने की ज़रा भी आदत नहीं है। संजय न कभी मेरे कपड़ों पर ध्यान देता है, न ऐसी बातें करता है, जब कि उसे पूरा अधिकार है। और यह बिना अधिकार ऐसी बातें करे!...

पर जाने क्या है कि मैं उस पर नाराज़ नहीं हो पाती हूँ; बल्कि एक पुलकमय सिहरन महसूस करती हूँ। सच, संजय के मुँह से ऐसा वाक्य सुनने को मेरा मन तरसता रहता है, पर उसने कभी ऐसी बात नहीं की। पिछले ढाई साल से मैं संजय के साथ रह रही हूँ। रोज़ ही शाम को हम घूमने जाते हैं। कितनी ही बार मैंने श्रृंगार किया, अच्छे कपड़े पहने, पर प्रशंसा का एक शब्द भी उसके मुँह से नहीं सुना। इन बातों पर उसका ध्यान ही नहीं जाता; वह देखकर भी जैसे यह सब नहीं देख पाता। इस वाक्य को सुनने के लिए तरसता हुआ मेरा मन जैसे रस से नहा जाता है। पर निशीथ ने यह बात क्यों कही? उसे क्या अधिकार है?

क्या सचमुच ही उसे अधिकार नहीं है?...नहीं है?

जाने कैसी मजबूरी है, कैसी विवशता है कि मैं इस बात का जवाब नहीं दे पाती हूँ। निश्चयात्मक दृढ़ता से नहीं कह पाती कि साथ चलते इस व्यक्ति को सचमुच ही मेरे विषय में ऐसी अवांछित बात कहने का कोई अधिकार नहीं है।

हम दोनों टैक्सी में बैठते हैं। मैं सोचती हूँ, आज मैं इसे संजय की बात बता दूँगी।

"स्काई-रूम!" निशीथ टैक्सीवाले को आदेश देता है।

'टुन' की घंटी के साथ मीटर डाउन होता है और टैक्सी हवा से बातें करने लगती है। निशीथ बहुत सतर्कता से कोने में बैठा है, बीच में इतनी जगह छोड़कर कि यदि हिचकोला खाकर भी टैक्सी रुके, तो हमारा स्पर्श न हो। हवा के झोंके से मेरी रेशमी साड़ी का पल्लू उसके समूचे बदन को स्पर्श करता हुआ उसकी गोदी में पड़कर फरफराता है। वह उसे हटाता नहीं है। मुझे लगता है, यह रेशमी, सुवासित पल्लू उसके तन-मन को रस से भिगो रहा है, यह स्पर्श उसे पुलकित कर रहा है, मैं विजय के अकथनीय आह्लाद से भर जाती हूँ।

चाहकर भी मैं संजय की बात नहीं कह पाती। अपनी इस विवशता पर मुझे खीज भी आती है, पर मेरा मुँह है कि खुलता ही नहीं। मुझे लगता है कि मैं जैसे कोई बहुत बड़ा अपराध कर रही होऊँ; पर फिर भी बात मैं कुछ नहीं कह सकी।

यह निशीथ कुछ बोलता क्यों नहीं? उसका यों कोने में दुबककर निर्विकार भाव से बैठे रहना मुझे कतई अच्छा नहीं लगता। एकाएक ही मुझे संजय की याद आने लगती है। इस समय वह यहाँ होता तो उसका हाथ मेरी कमर में लिपटा होता! यों सड़क पर ऐसी हरकतें मुझे स्वयं पसन्द नहीं; पर जाने क्यों, किसी की बाँहों की लपेट के लिए मेरा मन ललक उठता है। मैं जानती हूँ कि जब निशीथ बग़ल में बैठा हो, उस समय ऐसी इच्छा करना, या ऐसी बात सोचना भी कितना अनुचित है। पर मैं क्या करूँ? जितनी द्रुतगति से टैक्सी चली जा रही है, मुझे लगता है, उतनी ही द्रुतगति से मैं भी बही जा रही हूँ, अनुचित, अवांछित दिशाओं की ओर!

टैक्सी झटका खाकर रुकती है तो मेरी चेतना लौटती है। मैं जल्दी से दाहिनी ओर का फाटक खोलकर कुछ इस हड़बड़ी से नीचे उतर पड़ती हूँ; मानो अन्दर निशीथ मेरे साथ कोई बदतमीजी कर रहा हो।

"अजी, इधर से नहीं उतरना चाहिए कभी?" टैक्सीवाला कहता है तो मुझे अपनी ग़लती का भान होता है। उधर निशीथ खड़ा है, इधर मैं, बीच में टैक्सी!

पैसे लेकर टैक्सी चली जाती है तो हम दोनों एक-दूसरे के आमने-सामने हो जाते हैं। एकाएक ही मुझे ख़याल आता है कि टैक्सी के पैसे आज तो मुझे ही देने चाहिए थे। पर अब क्या हो सकता था! चुपचाप हम दोनों अन्दर जाते हैं। आस-पास बहुत कुछ है, चहल-पहल, रोशनी, रौनक। पर

मेरे लिए जैसे सबका अस्तित्व ही मिट जाता है। मैं अपने को सबकी नज़रों से ऐसे बचाकर चलती हूँ, मानो मैंने कोई अपराध कर डाला हो, और कोई मुझे पकड़ न ले।

क्या सचमुच ही मुझसे कोई अपराध हो गया है?

आमने-सामने हम दोनों बैठ जाते हैं। मैं होस्ट हूँ, फिर भी उसका पार्ट वही अदा कर रहा है। वही ऑर्डर देता है। बाहर की हलचल और उससे अधिक मन की हलचल में मैं अपने को खोया-खोया-सा महसूस करती हूँ।

हम दोनों के सामने बैरा कोल्ड-कॉफ़ी के गिलास और खाने का कुछ सामान रख जाता है। मुझे बार-बार लगता है कि निशीथ कुछ कहना चाह रहा है। मैं उसके होंठों की धड़कन तक महसूस करती हूँ। वह जल्दी से कॉफ़ी का स्ट्रॉ मुँह से लगा लेता है।

मूर्ख कहीं का! वह सोचता है, मैं बेवकूफ़ हूँ। मैं अच्छी तरह जानती हूँ कि इस समय वह क्या सोच रहा है।

तीन दिन साथ रहकर भी हमने उस प्रसंग को नहीं छेड़ा। शायद नौकरी की बात ही हमारे दिमाग़ों पर छाई हुई थी। पर आज...आज अवश्य ही वह बात आएगी! न आए, यह कितना अस्वाभाविक है! पर नहीं, स्वाभाविक शायद यही है। तीन साल पहले जो अध्याय सदा के लिए बन्द हो गया, उसे उलटकर देखने का साहस शायद हम दोनों में से किसी में नहीं है। जो सम्बन्ध टूट गए, टूट गए। अब उन पर कौन बात करे? मैं तो कभी नहीं करूँगी। पर उसे तो करना चाहिए। तोड़ा उसने था, बात भी वही आरम्भ करे। मैं क्यों करूँ, और मुझे क्या पड़ी है? मैं तो जल्दी ही संजय से विवाह करनेवाली हूँ। क्यों नहीं मैं इसे अभी संजय की बात बता देती? पर जाने कैसी विवशता है, जाने कैसा मोह है कि मैं मुँह नहीं खोल पाती। एकाएक मुझे लगता है जैसे उसने कुछ कहा...

"आपने कुछ कहा?"

"नहीं तो!"

मैं खिसिया जाती हूँ।

फिर वही मौन! खाने में मेरा ज़रा भी मन नहीं लग रहा है; पर यंत्रचलित-सी मैं खा रही हूँ। शायद वह भी ऐसे ही खा रहा है। मुझे फिर लगता है कि उसके होंठ फड़क रहे हैं, और स्ट्रॉ पकड़े हुए उँगलियाँ काँप रही हैं। मैं जानती हूँ, वह पूछना चाहता है, दीपा, तुमने मुझे माफ़ तो कर दिया न?

वह पूछ ही क्यों नहीं लेता? मान लो, यदि पूछ ही ले, तो क्या मैं कह सकूँगी कि मैं तुम्हें जिन्दगी-भर माफ़ नहीं कर सकती, मैं तुमसे नफ़रत करती हूँ, मैं तुम्हारे साथ घूम-फिर ली, या कॉफ़ी पी ली, तो यह मत समझो कि मैं तुम्हारे विश्वासघात की बात को भूल गई हूँ?

और एकाएक ही पिछला सब कुछ मेरी आँखों के आगे तैरने लगता है। पर यह क्या? असह्य अपमानजनित पीड़ा, क्रोध और कटुता क्यों नहीं याद आती? मेरे सामने तो पटना में गुजारी सुहानी संध्याओं और चाँदनी रातों के वे चित्र उभरकर आते हैं, जब घंटों समीप बैठ, मौन भाव से हम एक-दूसरे को निहारा करते थे। बिना स्पर्श किए भी जाने कैसी मादकता तन-मन को विभोर किए रहती थी, जाने कैसी तन्मयता में हम डूबे रहते थे...एक विचित्र-सी, स्वप्निल दुनिया में!...मैं कुछ बोलना भी चाहती तो वह मेरे मुँह पर उँगली रखकर कहता, आत्मीयता के ये क्षण अनकहे ही रहने दो, दीप!

आज भी तो हम मौन ही हैं, एक-दूसरे के निकट ही हैं। क्या आज भी हम आत्मीयता के उन्हीं क्षणों में गुज़र रहे हैं? मैं अपनी सारी शक्ति लगाकर चीख़ पड़ना चाहती हूँ, नहीं!...नहीं!...नहीं!...पर कॉफ़ी सिप करने के अतिरिक्त मैं कुछ नहीं कर पाती। मेरा यह विरोध हृदय की न जाने कौन-सी अतल गहराइयों में डूब जाता है!

निशीथ मुझे बिल नहीं देने देता। एक विचित्र-सी भावना मेरे मन में उठती है कि छीना-झपटी में किसी तरह मेरा हाथ इसके हाथ से छू जाए! मैं अपने स्पर्श से उसके मन के तारों को झनझना देना चाहती हूँ। पर वैसा अवसर नहीं आता। बिल वही देता है, मुझसे तो विरोध भी नहीं किया जाता।

मन में प्रचंड तूफ़ान! पर फिर भी निर्विकार भाव से मैं टैक्सी में आकर बैठती हूँ...फिर वही मौन, वही दूरी। पर जाने क्या है कि मुझे लगता है कि निशीथ मेरे बहुत निकट आ गया है, बहुत ही निकट! बार-बार मेरा मन करता है कि क्यों नहीं निशीथ मेरा हाथ पकड़ लेता, क्यों नहीं मेरे कन्धे पर हाथ रख देता? मैं ज़रा भी बुरा नहीं मानूँगी, ज़रा भी नहीं! पर वह कुछ भी नहीं करता।

सोते समय रोज़ की तरह मैं आज भी संजय का ध्यान करते हुए ही सोना चाहती हूँ, पर निशीथ है कि बार-बार संजय की आकृति को हटाकर स्वयं आ खड़ा होता है...

अपनी मजबूरी पर खीज-खीज जाती हूँ। आज कितना अच्छा मौक़ा था सारी बात बता देने का! पर मैं जाने कहाँ भटकी थी कि कुछ भी नहीं बता पाई।

शाम को मुझे निशीथ अपने साथ 'लेक' ले गया। पानी के किनारे हम घास पर बैठ गए। कुछ दूर पर काफ़ी भीड़-भाड़ और चहल-पहल थी, पर यह स्थान अपेक्षाकृत शान्त था। सामने लेक के पानी में छोटी-छोटी लहरें उठ रही थीं। चारों ओर के वातावरण का कुछ विचित्र-सा भाव मन पर पड़ रहा था।

''अब तो तुम यहाँ आ जाओगी!'' मेरी ओर देखकर उसने कहा।

''हाँ!''

''नौकरी के बाद क्या इरादा है?''

मैंने देखा, उसकी आँखों में कुछ जानने की आतुरता फैलती जा रही है, शायद कुछ कहने की भी। मुझसे कुछ जानकर वह अपनी बात कहेगा।

''कुछ नहीं!'' जाने क्यों मैं यह कह गई। कोई है जो मुझे कचोटे डाल रहा है। क्यों नहीं मैं बता देती कि नौकरी के बाद मैं संजय से विवाह करूँगी, मैं संजय से प्रेम करती हूँ, वह मुझसे प्रेम करता है? वह बहुत अच्छा है, बहुत ही! वह मुझे तुम्हारी तरह धोखा नहीं देगा; पर मैं कुछ भी तो नहीं कह पाती। अपनी इस बेबसी पर मेरी आँखें छलछला आती हैं। मैं दूसरी ओर मुँह फेर लेती हूँ।

''तुम्हारे यहाँ आने से मैं बहुत ख़ुश हूँ!''

मेरी साँस जहाँ-की-तहाँ रुक जाती है आगे के शब्द सुनने के लिए। पर शब्द नहीं आते। बड़ी कातर, करुण और याचना-भरी दृष्टि से मैं उसे देखती हूँ, मानो कह रही होऊँ कि तुम कह क्यों नहीं देते निशीथ, कि आज भी तुम मुझे प्यार करते हो, तुम मुझे सदा अपने पास रखना चाहते हो, जो कुछ हो गया है, उसे भूलकर तुम मुझसे विवाह करना चाहते हो? कह दो, निशीथ, कह दो!...यह सुनने के लिए मेरा मन अकुला रहा है, छटपटा रहा है! मैं बुरा नहीं मानूँगी, ज़रा भी बुरा नहीं मानूँगी। मान ही कैसे सकती हूँ निशीथ! इतना सब हो जाने के बाद भी शायद मैं तुम्हें प्यार करती हूँ—शायद नहीं, सचमुच ही मैं तुम्हें प्यार करती हूँ!

मैं जानती हूँ—तुम कुछ नहीं कहोगे, सदा के ही मितभाषी जो हो। फिर भी कुछ सुनने की आतुरता लिये मैं तुम्हारी तरफ़ देखती रहती हूँ। पर तुम्हारी

नज़र तो लेक के पानी पर जमी हुई है...शान्त, मौन!

आत्मीयता के ये क्षण अनकहे भले ही रह जाएँ पर अनबूझे नहीं रह सकते। तुम चाहे न कहो, पर मैं जानती हूँ, तुम आज भी मुझे प्यार करते हो, बहुत प्यार करते हो! मेरे कलकत्ता आ जाने के बाद इस टूटे सम्बन्ध को फिर से जोड़ने की बात ही तुम इस समय सोच रहे हो। तुम आज भी मुझे अपना ही समझते हो, तुम जानते हो, आज भी दीपा तुम्हारी है!...और मैं?

लगता है, इस प्रश्न का उत्तर देने का साहस मुझमें नहीं है। मुझे डर है कि जिस आधार पर मैं तुमसे नफ़रत करती थी, उसी आधार पर कहीं मुझे अपने से नफ़रत न करनी पड़े।

लगता है, रात आधी से भी अधिक ढल गई है।

कानपुर

मन में उत्कट अभिलाषा होते हुए भी निशीथ की आवश्यक मीटिंग की बात सुनकर मैंने कह दिया था कि तुम स्टेशन मत आना। इरा आई थी; पर गाड़ी पर बिठाकर ही चली गई, या कहूँ कि मैंने जबर्दस्ती ही उसे भेज दिया। मैं जानती थी कि लाख मना करने पर भी निशीथ आएगा, और विदा के उन अन्तिम क्षणों में मैं उसके साथ अकेली ही रहना चाहती थी। मन में एक दबी-सी आशा थी कि चलते समय ही शायद वह कुछ कह दे।

गाड़ी चलने में जब दस मिनट रह गए तो देखा, बड़ी व्यग्रता से डिब्बों में झाँकता-झाँकता निशीथ आ रहा था।...पाग़ल! उसे इतना तो समझना चाहिए कि उसकी प्रतीक्षा में मैं यहाँ बाहर खड़ी हूँ!

मैं दौड़कर उसके पास जाती हूँ, "आप क्यों आए?" पर मुझे उसका आना बड़ा अच्छा लगता है! वह बहुत थका हुआ लग रहा है। शायद सारा दिन बहुत व्यस्त रहा और दौड़ता-दौड़ता मुझे सी-ऑफ करने यहाँ आ पहुँचा। मन करता है कुछ ऐसा करूँ, जिससे इसकी सारी थकान दूर हो जाए। पर क्या करूँ? हम डिब्बे के पास आ जाते हैं।

"जगह अच्छी मिल गई?" वह अन्दर झाँकते हुए पूछता है।

"हाँ!"

"पानी-वानी तो है?"

"है।"

"बिस्तर फैला लिया?"

मैं खीज पड़ती हूँ। वह शायद समझ जाता है, सो चुप हो जाता है। हम दोनों एक क्षण को एक-दूसरे की ओर देखते हैं। मैं उसकी आँखों में विचित्र-सी छायाएँ देखती हूँ; मानो कुछ है, जो उसके मन में घुट रहा है, उसे मथ रहा है, पर वह कह नहीं पा रहा है। वह क्यों नहीं कह देता? क्यों नहीं अपने मन की इस घुटन को हल्का कर लेता?

"आज भीड़ विशेष नहीं है," चारों ओर नज़र डालकर वह कहता है।

मैं भी एक बार चारों ओर देख लेती हूँ, पर नज़र मेरी बार-बार घड़ी पर ही जा रही है। जैसे-जैसे समय सरक रहा है, मेरा मन किसी गहरे अवसाद में डूब रहा है। मुझे कभी उस पर दया आती है तो कभी खीज। गाड़ी चलने में केवल तीन मिनट बाक़ी रह गए हैं। एक बार फिर हमारी नज़रें मिलती हैं।

"ऊपर चढ़ जाओ, अब गाड़ी चलनेवाली है।"

बड़ी असहाय-सी नज़र से मैं उसे देखती हूँ; मानो कह रही होऊँ, तुम्हीं चढ़ा दो।...और फिर धीरे-धीरे चढ़ जाती हूँ। दरवाज़े पर मैं खड़ी हूँ और वह नीचे प्लेटफॉर्म पर।

"जाकर पहुँचने की ख़बर देना। जैसे ही मुझे इधर कुछ निश्चित रूप से मालूम होगा, तुम्हें सूचना दूँगा।"

मैं कुछ बोलती नहीं, बस उसे देखती रहती हूँ...

सीटी...हरी झंडी...फिर सीटी। मेरी आँखें छलछला आती हैं।

गाड़ी एक हल्के-से झटके के साथ सरकने लगती है। वह गाड़ी के साथ क़दम आगे बढ़ाता है और मेरे हाथ पर धीरे-से अपना हाथ रख देता है। मेरा रोम-रोम सिहर उठता है। मन करता है चिल्ला पड़ूँ—मैं सब समझ गई, निशीथ, सब समझ गई! जो कुछ तुम इन चार दिनों में नहीं कह पाए, वह तुम्हारे इस क्षणिक स्पर्श ने कह दिया। विश्वास करो, यदि तुम मेरे हो, तो मैं भी तुम्हारी हूँ; केवल तुम्हारी, एकमात्र तुम्हारी!...पर मैं कुछ कह नहीं पाती। बस, साथ चलते निशीथ को देखती-भर रहती हूँ। गाड़ी के गति पकड़ते ही वह हाथ को ज़रा-सा दबाकर छोड़ देता है। मेरी छलछलाई आँखें मुँद जाती हैं। मुझे लगता है, यह स्पर्श, यह सुख, यह क्षण ही सत्य है, बाक़ी सब झूठ है; अपने को भूलने का, भरमाने का, छलने का असफल प्रयास है।

आँसू-भरी आँखों से मैं प्लेटफॉर्म को पीछे छूटता हुआ देखती हूँ। सारी आकृतियाँ धुँधली-सी दिखाई देती हैं। असंख्य हिलते हुए हाथों के बीच

निशीथ के हाथ को, उस हाथ को, जिसने मेरा हाथ पकड़ा था, ढूँढ़ने का असफल-सा प्रयास करती हूँ। गाड़ी प्लेटफॉर्म को पार कर जाती है, और दूर-दूर तक कलकत्ता की जगमगाती बत्तियाँ दिखाई देती हैं। धीरे-धीरे वे सब दूर हो जाती हैं, पीछे छूटती जाती हैं। मुझे लगता है, यह दैत्याकार ट्रेन मुझे मेरे घर से कहीं दूर ले जा रही है—अनदेखी, अनजानी राहों में गुमराह करने के लिए, भटकाने के लिए!

बोझिल मन से मैं अपने फैलाए हुए बिस्तर पर लेट जाती हूँ। आँखें बन्द करते ही सबसे पहले मेरे सामने संजय का चित्र उभरता है...कानपुर जाकर मैं उसे क्या कहूँगी ? इतने दिनों तक उसे छलती आई, अपने को छलती आई, पर अब नहीं।...मैं उसे सारी बात समझा दूँगी। कहूँगी, संजय जिस सम्बन्ध को टूटा हुआ जानकर मैं भूल चुकी थी, उसकी जड़ें हृदय की किन अतल गहराइयों में जमी हुई थीं, इसका अहसास कलकत्ता में निशीथ से मिलकर हुआ। याद आता है, तुम निशीथ को लेकर सदैव ही संदिग्ध रहते थे; पर तब मैं तुम्हें ईर्ष्यालु समझती थी; आज स्वीकार करती हूँ कि तुम जीते, मैं हारी!

सच मानना संजय, ढाई साल मैं स्वयं भ्रम में थी और तुम्हें भी भ्रम में डाल रखा था; पर आज भ्रम के, छलना के सारे ही जाल छिन्न-भिन्न हो गए हैं। मैं आज भी निशीथ को प्यार करती हूँ। और यह जानने के बाद, एक दिन भी तुम्हारे साथ और छल करने का दुस्साहस कैसे करूँ ? आज पहली बार मैंने अपने सम्बन्धों का विश्लेषण किया, तो जैसे सब कुछ ही स्पष्ट हो गया और जब मेरे सामने सब कुछ स्पष्ट हो गया, तो तुमसे कुछ भी नहीं छिपाऊँगी, तुम्हारे सामने मैं चाहूँ तो भी झूठ नहीं बोल सकती।

आज लग रहा है, तुम्हारे प्रति मेरे मन में जो भी भावना है वह प्यार की नहीं, केवल कृतज्ञता की है। तुमने मुझे उस समय सहारा दिया था, जब अपने पिता और निशीथ को खोकर मैं चूर-चूर हो चुकी थी। सारा संसार मुझे वीरान नज़र आने लगा था, उस समय तुमने अपने स्नेहिल स्पर्श से मुझे जिला दिया; मेरा मुरझाया, मरा मन हरा हो उठा; मैं कृतकृत्य हो उठी, और समझने लगी कि मैं तुमसे प्यार करती हूँ। पर प्यार की बेसुध घड़ियाँ, वे विभोर क्षण, तन्मयता के वे पल, जहाँ शब्द चुक जाते हैं, हमारे जीवन में कभी नहीं आए। तुम्हीं बताओ, आए कभी ? तुम्हारे असंख्य आलिंगनों और चुम्बनों के बीच भी, एक क्षण के लिए भी तो मैंने कभी तन-मन की सुध बिसरा देनेवाली पुलक या मादकता का अनुभव नहीं किया।

सोचती हूँ, निशीथ के चले जाने के बाद मेरे जीवन में एक विराट शून्यता आ गई थी, एक खोखलापन आ गया था, तुमने उसकी पूर्ति की। तुम पूरक थे, मैं ग़लती से तुम्हें प्रियतम समझ बैठी।

मुझे क्षमा कर दो संजय और लौट जाओ। तुम्हें मुझ जैसी अनेक दीपाएँ मिल जाएँगी, जो सचमुच ही तुम्हें प्रियतम की तरह प्यार करेंगी। आज एक बात अच्छी तरह जान गई हूँ कि प्रथम प्रेम ही सच्चा प्रेम होता है; बाद में किया हुआ प्रेम तो अपने को भूलने का, भरमाने का प्रयास-मात्र होता है...

इसी तरह की असंख्य बातें मेरे दिमाग़ में आती हैं, जो मैं संजय से कहूँगी। कह सकूँगी यह सब ? लेकिन कहना तो होगा ही। उसके साथ अब एक दिन भी छल नहीं कर सकती। मन से किसी और की आराधना करके तन से उसकी होने का अभिनय करती रहूँ? छी: !

नहीं जानती, यही सब सोचते-सोचते मुझे कब नींद आ गई। लौटकर अपना कमरा खोलती हूँ, तो देखती हूँ, सब कुछ ज्यों-का-त्यों है, सिर्फ़ फूलदान के रजनीगन्धा मुरझा गए हैं। कुछ फूल झरकर ज़मीन पर इधर-उधर भी बिखर गए हैं।

आगे बढ़ती हूँ तो ज़मीन पर पड़ा एक लिफ़ाफ़ा दिखाई देता है। संजय की लिखाई है, खोला तो छोटा-सा पत्र था :

दीपा,

तुमने तो कलकत्ता जाकर कोई सूचना ही नहीं दी। मैं आज ऑफ़िस के काम से कटक जा रहा हूँ। पाँच-छ: दिन में लौट आऊँगा। तब तक तुम आ ही जाओगी। जानने को उत्सुक हूँ कि कलकत्ता में क्या हुआ।

तुम्हारा,
संजय

एक लम्बा नि:श्वास निकल जाता है। लगता है, एक बड़ा बोझ हट गया। इस अवधि में तो मैं अपने को अच्छी तरह तैयार कर लूँगी।

नहा-धोकर सबसे पहले मैं निशीथ को पत्र लिखती हूँ। उसकी उपस्थिति से जो हिचक मेरे होंठ बन्द किए हुए थी, दूर रहकर वह अपने-आप ही टूट जाती है। मैं स्पष्ट शब्दों में लिख देती हूँ कि चाहे उसने कुछ नहीं कहा, फिर भी मैं सब कुछ समझ गई हूँ। साथ ही यह भी लिख देती हूँ कि मैं

उसकी उस हरकत से बहुत दुखी थी, बहुत नाराज़ भी; पर उसे देखते ही जैसे सारा क्रोध बह गया। इस अपनत्व में क्रोध भला टिक भी कैसे पाता? लौटी हूँ, तब से न जाने कैसी रंगीनी और मादकता मेरी आँखों के आगे छाई है...!

एक खूबसूरत-से लिफ़ाफ़े में उसे बन्द करके मैं स्वयं पोस्ट करने जाती हूँ।

रात में सोती हूँ तो अनायास ही मेरी नज़र सूने फूलदान पर जाती है। मैं करवट बदलकर सो जाती हूँ।

कानपुर

आज निशीथ को पत्र लिखे पाँचवाँ दिन है। मैं तो कल ही उसके पत्र की राह देख रही थी। पर आज की भी दोनों डाकें निकल गईं। जाने कैसा सूना-सूना, अनमना-अनमना लगता रहा सारा दिन! किसी भी तो काम में जी नहीं लगता। क्यों नहीं लौटती डाक से ही उत्तर दे दिया उसने? समझ में नहीं आता, कैसे समय गुजारूँ!

मैं बाहर बालकनी में जाकर खड़ी हो जाती हूँ। एकाएक ख़याल आता है, पिछले ढाई सालों से क़रीब इसी समय, यहीं खड़े होकर मैंने संजय की प्रतीक्षा की है। क्या आज मैं संजय की प्रतीक्षा कर रही हूँ? या मैं निशीथ के पत्र की प्रतीक्षा कर रही हूँ? शायद किसी की नहीं, क्योंकि जानती हूँ कि दोनों में से कोई भी नहीं आएगा। फिर?

निरुद्देश्य-सी कमरे में लौट पड़ती हूँ। शाम का समय मुझसे घर में नहीं काटा जाता। रोज़ ही तो संजय के साथ घूमने निकल जाया करती थी। लगता है; यहीं बैठी रही तो दम ही घुट जाएगा। कमरा बन्द करके मैं अपने को धकेलती-सी सड़क पर ले आती हूँ।...शाम का धुँधलका मन के बोझ को और भी बढ़ा देता है। कहाँ जाऊँ? लगता है, जैसे मेरी राहें भटक गई हैं, मंज़िल खो गई है। मैं स्वयं नहीं जानती, आख़िर मुझे जाना कहाँ है। फिर भी निरुद्देश्य-सी चलती रहती हूँ। पर आख़िर कब तक यूँ भटकती रहूँ? हारकर लौट पड़ती हूँ।

आते ही मेहता साहब की बच्ची तार का एक लिफ़ाफ़ा देती है।

धड़कते दिल से मैं उसे खोलती हूँ। इरा का तार था।

'नियुक्ति हो गई है। बधाई!'

इतनी बड़ी ख़ुशख़बरी पाकर भी जाने क्या है कि ख़ुश नहीं हो पाती। यह ख़बर तो निशीथ भेजनेवाला था। एकाएक ही एक विचार मन में आता है, क्या जो कुछ मैं सोच गई, वह निरा भ्रम ही था, मात्र मेरी कल्पना, मेरा अनुमान? नहीं-नहीं! उस स्पर्श को मैं भ्रम कैसे मान लूँ, जिसने मेरे तन-मन को डुबो दिया था, जिसके द्वारा उसके हृदय की एक-एक परत मेरे सामने खुल गई थी?...लेक पर बिताए उन मधुर क्षणों को भ्रम कैसे मान लूँ, जहाँ उसका मौन ही मुखरित होकर सब कुछ कह गया था? आत्मीयता के वे अनकहे क्षण! तो फिर उसने पत्र क्यों नहीं लिखा? क्या कल उसका पत्र आएगा? क्या आज भी उसे वही हिचक रोके हुए है?

तभी सामने की घड़ी टन्-टन् करके नौ बजाती है। मैं उसे देखती हूँ। यह संजय की लाई हुई है।...लगता है, जैसे यह घड़ी घंटे सुना-सुनाकर मुझे संजय की याद दिला रही है। फहराते ये हरे पर्दे, यह हरी बुक-रैक, यह टेबल, यह फूलदान, सभी तो संजय के ही लाए हुए हैं। मेज़ पर रखा यह पेन उसने मुझे साल-गिरह पर लाकर दिया था।

अपनी चेतना के इन बिखरे सूत्रों को समेटकर मैं फिर पढ़ने का प्रयास करती हूँ, पर पढ़ नहीं पाती। हारकर मैं पलंग पर लेट जाती हूँ।

सामने के फूलदान का सूनापन मेरे मन के सूनेपन को और अधिक बढ़ा देता है। मैं कसकर आँखें मूँद लेती हूँ।...एक बार फिर मेरी आँखों के आगे लेक का स्वच्छ, नीला जल उभर आता है, जिसमें छोटी-छोटी लहरें उठ रही थीं। उस जल की ओर देखते हुए निशीथ की आकृति उभरकर आती है। वह लाख जल की ओर देखे; पर चेहरे पर अंकित उसके मन की हलचल को मैं आज भी, इतनी दूर रहकर भी महसूस करती हूँ। कुछ न कह पाने की मजबूरी, उसकी विवशता, उसकी घुटन आज भी मेरे सामने साकार हो उठती है। धीरे-धीरे लेक के पानी का विस्तार सिमटता जाता है, और एक छोटी-सी राइटिंग टेबल में बदल जाता है, और मैं देखती हूँ कि एक हाथ में पेन लिए और दूसरे हाथ की उँगलियों को बालों में उलझाए निशीथ बैठा है...वही मजबूरी, वही विवशता, वही घुटन लिए।...वह चाहता है; पर जैसे लिख नहीं पाता। वह कोशिश करता है, पर उसका हाथ बस काँपकर रह जाता है।...ओह! लगता है, उसकी घुटन मेरा दम घोंटकर रख देगी।...मैं एकाएक ही आँखें खोल देती हूँ। वही फूलदान, पर्दे, मेज़, घड़ी...!

कानपुर

आख़िर आज निशीथ का पत्र आ गया। धड़कते दिल से मैंने उसे खोला। इतना छोटा-सा पत्र!

प्रिय दीपा,

तुम अच्छी तरह पहुँच गईं, यह जानकर प्रसन्नता हुई।

तुम्हें अपनी नियुक्ति का तार तो मिल ही गया होगा। मैंने कल ही इराजी को फ़ोन करके सूचना दे दी थी, और उन्होंने बताया था कि तार दे देंगी। ऑफ़िस की ओर से भी सूचना मिल जाएगी।

इस सफलता के लिए मेरी ओर से हार्दिक बधाई स्वीकार करना। सच, मैं बहुत ख़ुश हूँ कि तुम्हें यह काम मिल गया! मेहनत सफल हो गई। शेष फिर।

शुभेच्छु,
निशीथ

बस? धीरे-धीरे पत्र के सारे शब्द आँखों के आगे लुप्त हो जाते हैं, रह जाता है केवल, 'शेष फिर!'

तो अभी उसके पास 'कुछ' लिखने को शेष है? क्यों नहीं लिख दिया उसने अभी? क्या लिखेगा वह?

''दीप!''

मैं मुड़कर दरवाज़े की ओर देखती हूँ। रजनीगन्धा के ढेर सारे फूल लिये मुस्कुराता-सा संजय खड़ा है। एक क्षण मैं संज्ञा-शून्य-सी उसे इस तरह देखती हूँ, मानो पहचानने की कोशिश कर रही होऊँ। वह आगे बढ़ता है, तो मेरी खोई हुई चेतना लौटती है, और विक्षिप्त-सी दौड़कर उससे लिपट जाती हूँ।

''क्या हो गया है तुम्हें, पाग़ल हो गई हो क्या?''

''तुम कहाँ चले गए थे संजय?'' और मेरा स्वर टूट जाता है। अनायास ही आँखों से आँसू बह चलते हैं।

''क्या हो गया? कलकत्ता का काम नहीं मिला क्या?...मारो भी गोली काम को। तुम इतनी परेशान क्यों हो रही हो उसके लिए?''

पर मुझसे कुछ नहीं बोला जाता। बस, मेरी बाँहों की जकड़ कसती जाती है, कसती जाती है। रजनीगन्धा की महक धीरे-धीरे मेरे तन-मन पर छा जाती है। तभी मैं अपने भाल पर संजय के अधरों का स्पर्श महसूस करती

हूँ, और मुझे लगता है, यह स्पर्श, यह सुख, यह क्षण ही सत्य है, वह सब झूठ था, मिथ्या था, भ्रम था...।

और हम दोनों एक-दूसरे के आलिंगन में बँधे रहते हैं—चुम्बित, प्रति-चुम्बित!

अकेली

सोमा बुआ बुढ़िया हैं।

सोमा बुआ परित्यक्ता हैं।

सोमा बुआ अकेली हैं।

सोमा बुआ का जवान बेटा क्या जाता रहा, उनकी अपनी जवानी चली गई। पति को पुत्र-वियोग का ऐसा सदमा लगा कि वे पत्नी, घर-बार तजकर तीरथ-वासी हुए और परिवार में कोई ऐसा सदस्य था नहीं जो उनके एकाकीपन को दूर करता। पिछले बीस वर्षों से उनके जीवन की इस एकरसता में किसी प्रकार का कोई व्यवधान उपस्थित नहीं हुआ, कोई परिवर्तन नहीं आया। यों हर साल एक महीने के लिए उनके पति उनके पास आकर रहते थे पर कभी उन्होंने पति की प्रतीक्षा नहीं की, उनकी राह में आँखें नहीं बिछाईं। जब तक पति रहते उनका मन और भी मुरझाया हुआ रहता क्योंकि पति के स्नेह-हीन व्यवहार का अंकुश उनके रोजमर्रा के जीवन की अबाध गति से बहती स्वच्छन्द धारा को कुंठित कर देता। उस समय उनका घूमना-फिरना, मिलना-जुलना बन्द हो जाता और संन्यासीजी महाराज से तो यह भी नहीं होता कि दो मीठे बोल-बोलकर सोमा बुआ को एक ऐसा सम्बल ही पकड़ा दें, जिसका आसरा लेकर वह उनके वियोग के ग्यारह महीने काट दें। इस स्थिति में बुआ को अपनी ज़िन्दगी पास-पड़ोसवालों के भरोसे ही काटनी पड़ती थी। किसी के घर मुंडन हो, छठी हो, जनेऊ हो, शादी हो या ग़मी; बुआ पहुँच जातीं और फिर छाती फाड़कर काम करतीं, मानों वे दूसरे के घर में नहीं अपने ही घर में काम कर रही हों।

आजकल सोमा बुआ के पति आए हुए हैं और अभी-अभी कुछ कहा-सुनी होकर चुकी है। बुआ आँगन में बैठी धूप खा रही हैं, पास रखी कटोरी

से तेल लेकर हाथों में मल रही हैं, और बड़बड़ा रही हैं। इस एक महीने में अन्य अवयवों के शिथिल हो जाने के कारण उनकी जीभ ही सबसे अधिक सजीव और सक्रिय हो उठती है। तभी हाथ में एक फटी साड़ी और पापड़ लेकर ऊपर से राधा भाभी उतरीं।

"क्या हो गया बुआ, क्यों बड़बड़ा रही हो? फिर संन्यासीजी महाराज ने कुछ कह दिया क्या?"

"अरे, मैं कहीं चली जाऊँ सो ही इन्हें नहीं सुहाता। कल चौकवाले किशोरीलाल के बेटे का मुंडन था, सारी बिरादरी का न्यौता था। मैं तो जानती थी कि ये पैसे का ही गरूर है जो मुंडन पर भी सारी बिरादरी को न्यौता है, पर काम उन नई-नवेली बहुओं से सँभलेगा नहीं सो जल्दी ही चली गई। हुआ भी वही।" और सरककर बुआ ने राधा के हाथ से पापड़ लेकर सुखाने शुरू कर दिए। "एक काम गत से नहीं हो रहा था। अब घर में कोई बड़ा-बूढ़ा हो तो बतावे, या कभी किया हो तो जानें। गीतवाली औरतें मुंडन पर बन्ना-बन्नी गा रही थीं, मेरा तो हँसते-हँसते पेट फूल गया।" और उसकी याद से ही कुछ देर पहले का दुख और आक्रोश धुल गया। अपने सहज स्वाभाविक रूप में वे कहने लगीं—"भट्टी पर देखो तो अजब तमाशा—समोसे कच्चे ही उतार दिए और इतने बना दिए कि दो बार खिला दो और गुलाब जामुन इतने कम कि एक पंगत में भी पूरे न पड़ें। उसी समय खोया मँगाकर नए गुलाब-जामुन बनाए। दोनों बहुएँ और किशोरीलाल तो बिचारे इतना जस मान रहे थे कि क्या बताऊँ? कहने लगे—'अम्मा! तुम न होतीं तो आज भद्द उड़ जाती। अम्मा! तुमने लाज रख ली!' मैंने तो कह दिया कि अरे अपने ही काम नहीं आवेंगे तो कोई बाहर से तो आवेगा नहीं। ये तो आजकल इनका रोटी-पानी का काम रहता है नहीं तो मैं तो सवेरे से ही चली जाती!"

"तो संन्यासी महाराज क्यों बिगड़ पड़े? उन्हें तुम्हारा आना-जाना अच्छा नहीं लगता बुआ!"

"यों तो मैं कहीं आऊँ-जाऊँ सो ही इन्हें नहीं सुहाता, और फिर कल किशोरी के यहाँ से बुलावा नहीं आया। अरे, मैं तो कहूँ कि घरवालों का कैसा बुलावा? वे लोग तो मुझे अपनी माँ से कम नहीं समझते, नहीं तो कौन भला यों भट्टी और भंडार-घर सौंप दे? पर उन्हें अब कौन समझावे। कहने लगे, 'तू जबर्दस्ती दूसरों के घर में टाँग अड़ाती फिरती है।' और एकाएक

उन्हें उस क्रोध-भरी वाणी और कटुवचनों का स्मरण हो आया जिनकी बौछार कुछ देर पहले ही उन पर होकर चुकी थी। याद आते ही फिर उनके आँसू बह चले।

''अरे, रोती क्यों हो बुआ? कहना-सुनना तो चलता ही रहता है। संन्यासीजी महाराज एक महीने को तो आकर रहते हैं, सुन लिया करो, और क्या?''

''सुनने को तो सुनती ही हूँ, पर मन तो दुखता ही है कि एक महीने को आते हैं तो भी कभी मीठे बोल नहीं बोलते। मेरा आना-जाना इन्हें सुहाता नहीं सो तू ही बता राधा, ये तो साल में ग्यारह महीने हरिद्वार रहते हैं। इन्हें तो नाते-रिश्तेवालों से कुछ लेना-देना नहीं पर मुझे तो सबसे निभाना पड़ता है। मैं भी सबसे तोड़ताड़ कर बैठ जाऊँ तो कैसे चले। मैं तो इनसे कहती हूँ कि जब पल्ला पकड़ा है तो अन्त समय में भी साथ ही रखो, सो तो इनसे होता नहीं। सारा धरम-करम ये ही लूटेंगे, सारा जस ये ही बटोरेंगे और मैं अकेली पड़ी-पड़ी यहाँ इनके नाम को रोया करूँ। उस पर से कहीं आऊँ-जाऊँ वह भी इनसे बर्दाश्त नहीं होता...'' और बुआ फूट-फूटकर रो पड़ीं। राधा ने आश्वासन देते हुए कहा—''रोओ नहीं बुआ, अरे, वे तो इसलिए नाराज़ हुए कि बिना बुलाए तुम चली गईं।''

''बेचारे इतने हंगामे में बुलाना भूल गए तो मैं भी मान करके बैठ जाती? फिर घरवालों का कैसा बुलाना? मैं तो अपनेपन की बात जानती हूँ। कोई प्रेम नहीं रखे तो दस बुलावे पर नहीं जाऊँ और प्रेम रखे तो बिना बुलाए भी सिर के बल जाऊँ। मेरा अपना हरखू होता और उसके घर काम होता तो क्या मैं बुलावे के भरोसे बैठी रहती? मेरे लिए जैसा हरखू वैसा किशोरीलाल! आज हरखू नहीं है इसी से दूसरों को देख-देखकर मन भरमाती रहती हूँ!'' और वे हिचकियाँ लेने लगीं।

सूखे पापड़ों को बटोरते-बटोरते स्वर को भरसक कोमल बनाकर राधा ने कहा—''तुम भी बुआ बात को कहाँ-से-कहाँ ले गईं? अब चुप भी होओ! अच्छा देखो तुम्हारे लिए एक पापड़ भूनकर लाती हूँ खाकर बताना, कैसा है?'' और वह पापड़ लेकर ऊपर चढ़ गई।

कोई सप्ताह-भर बाद बुआ बड़े प्रसन्न मन से आईं और संन्यासीजी से बोलीं—''सुनते हो, देवरजी के ससुरालवालों की किसी लड़की का सम्बन्ध

भागीरथजी के यहाँ हुआ है। वे सब लोग यहीं आकर ब्याह कर रहे हैं। देवरजी के बाद तो उन लोगों से कोई सम्बन्ध ही नहीं रहा, फिर भी हैं तो समधी ही। वे तो तुमको भी बुलाए बिना नहीं मानेंगे। समधी को आख़िर कैसे छोड़ सकते हैं?'' और बुआ पुलकित होकर हँस पड़ीं। संन्यासीजी की मौन उपेक्षा से उनके मन को ठेस तो पहुँची फिर भी वे प्रसन्न थीं। इधर-उधर जाकर वे इस विवाह की प्रगति की ख़बरें लातीं! आख़िर एक दिन वे यह भी सुन आईं कि उनके समधी यहाँ आ गए। ज़ोर-शोर से तैयारियाँ हो रही हैं। सारी बिरादरी को दावत दी जाएगी—खूब रौनक होनेवाली है। दोनों ही पैसेवाले ठहरे।

''क्या जाने हमारे घर तो बुलावा आएगा या नहीं? देवरजी को मरे पच्चीस बरस हो गए, उसके बाद से तो कोई सम्बन्ध ही नहीं रखा। रखे भी कौन? यह काम तो मरदों का होता है, मैं तो मरदवाली होकर भी बेमरद की हूँ।'' और एक ठंडी साँस उनके दिल से निकल गई।

''अरे वाह बुआ! तुम्हारा नाम कैसे नहीं हो सकता! तुम तो समधिन ठहरीं। देवर चाहे न रहे पर कोई रिश्ता थोड़े ही टूट जाता है!'' दाल पीसती हुई घर की बड़ी बहू बोली।

''है, बुआ, नाम है। मैं तो सारी लिस्ट देखकर आई हूँ।'' विधवा ननद बोली। बैठे-ही-बैठे दो क़दम आगे सरककर बुआ ने बड़े उत्साह से पूछा—''तू अपनी आँखों से देखकर आई है नाम? नाम तो होना ही चाहिए। पर मैंने सोचा कि क्या जाने आजकल के फैशन में पुराने सम्बन्धियों को बुलाना हो, न हो।'' और बुआ बिना दो पल भी रुके वहाँ से चल पड़ीं। अपने घर जाकर सीधे राधा भाभी के कमरे में चढ़ीं—''क्यों री राधा, तू तो जानती है कि नई फैशन में लड़की की शादी में क्या दिया जावे है? समधियों का मामला ठहरा, सो भी पैसेवाले। खाली हाथ जाऊँगी तो अच्छा नहीं लगेगा। मैं तो पुराने जमाने की ठहरी, तू ही बता दे क्या दूँ? अब कुछ बनाने का समय तो रहा नहीं, दो दिन बाकी हैं सो कुछ बना-बनाया ही खरीद लाना।''

''क्या देना चाहती हो अम्मा? जेवर, कपड़ा, शृंगारदान या कोई और चाँदी की चीज़?''

''मैं तो कुछ भी नहीं समझूँ री। जो कुछ पास है तुझे लाकर दे देती हूँ, जो तू ठीक समझे ले आना। बस, भद्द नहीं उड़नी चाहिए! अच्छा देखूँ पहले कि रुपए कितने हैं?'' और वे डगमगाते कदमों से नीचे आईं। दो-तीन

कपड़ों की गठरियाँ हटाकर एक छोटा-सा बक्स निकाला। उसका ताला खोला। इधर-उधर करके एक छोटी-सी डिबिया निकाली। बड़े जतन से उसे खोला—उसमें सात रुपए की कुछ रेजगारी पड़ी थी और एक अँगूठी। बुआ का अनुमान था कि रुपए कुछ ज़्यादा होंगे, पर जब सात ही रुपए निकले तो सोच में पड़ गईं। रईस समधियों के घर में इतने से रुपयों से बिन्दी भी नहीं लगेगी। उनकी नज़र अँगूठी पर गई। यह उनके मृत-पुत्र की एकमात्र निशानी उनके पास रह गई थी। बड़े-बड़े आर्थिक संकटों के समय भी वे उस अँगूठी का मोह नहीं छोड़ सकी थीं। आज भी एक बार उसे उठाते समय उनका दिल धड़क गया, फिर भी उन्होंने पाँच रुपए और एक अँगूठी आँचल में बाँध ली। बक्स को बन्द किया और फिर ऊपर को चलीं, पर इस बार उनके मन का उत्साह कुछ ठंडा पड़ गया था और पैरों की गति शिथिल! राधा के पास जाकर बोलीं—"रुपए तो नहीं निकले बहू। आएँ भी कहाँ से, मेरे कौन कमानेवाला बैठा है? उस कोठरी का किराया आता है, उसमें दो समय की रोटी निकल जाती है जैसे-तैसे!" और वे रो पड़ीं। राधा ने कहा—"क्या करूँ बुआ, आजकल मेरा भी हाथ तंग है, नहीं तो मैं ही दे देती। अरे, पर तुम देने के चक्कर में पड़ती ही क्यों हो? आजकल तो देने-लेने का रिवाज ही उठ गया है।"

"नहीं रे राधा! समधियों का मामला ठहरा! पच्चीस बरस हो गए तो भी वे नहीं भूले, और मैं खाली हाथ जाऊँ? नहीं-नहीं, इससे तो न जाऊँ सो ही अच्छा!"

"तो जाओ ही मत। चलो छुट्टी हुई, इतने लोगों में किसे पता लगेगा कि आईं या नहीं।" राधा ने सारी समस्या का सीधा-सा हल बताते हुए कहा।

"बड़ा बुरा मानेंगे। सारे शहर के लोग जावेंगे और मैं समधिन होकर नहीं जाऊँगी तो यही समझेंगे कि देवरजी मरे तो सम्बन्ध भी तोड़ लिया। नहीं-नहीं, तू यह अँगूठी बेच ही दे।" और उन्होंने आँचल की गाँठ खोलकर एक पुराने जमाने की अँगूठी राधा के हाथ पर रख दी। फिर बड़ी मिन्नत के स्वर में बोलीं "तू तो बाज़ार जाती है राधा, इसे बेच देना और जो कुछ ठीक समझे खरीद लेना। बस, शोभा रह जावे इतना ख़याल रखना।"

गली में बुआ ने चूड़ीवाले की आवाज़ सुनी तो एकाएक ही उनकी नज़र अपने हाथ की भद्दी-मटमैली चूड़ियों पर जाकर टिक गई। कल

समधियों के यहाँ जाना है, जेवर नहीं है तो कम-से-कम काँच की चूड़ी तो अच्छी पहन ले। पर एक अव्यक्त लाज ने उनके कदमों को रोक दिया, कोई देख लेगा तो। लेकिन दूसरे ही क्षण अपनी इस कमज़ोरी पर विजय पाती-सी वे पीछे के दरवाज़े पर पहुँच गई और एक रुपया कलदार खर्च करके लाल-हरी चूड़ियों के बन्द पहन लिये। पर सारे दिन हाथों को साड़ी के आँचल से ढके-ढके फिरीं।

शाम को राधा भाभी ने बुआ को चाँदी की एक सिन्दूरदानी, एक साड़ी और एक ब्लाउज का कपड़ा लाकर दे दिया। सबकुछ देख पाकर बुआ बड़ी प्रसन्न हुईं और यह सोच-सोचकर कि जब वे ये सब दे देंगी तो उनकी समधिन पुरानी बातों की दुहाई दे-देकर उनकी मिलनसारिता की कितनी प्रशंसा करेगी, उनका मन पुलकित होने लगा। अँगूठी बेचने का ग़म भी जाता रहा। पासवाले बनिए के यहाँ से एक आने का पीला रंग लाकर रात में उन्होंने साड़ी रँगी। शादी में सफेद साड़ी पहनकर जाना क्या अच्छा लगेगा? रात में सोईं तो मन कल की ओर दौड़ रहा था।

दूसरे दिन नौ बजते-बजते खाने का काम समाप्त कर डाला। अपनी रँगी हुई साड़ी देखी तो कुछ जँची नहीं। फिर ऊपर राधा के पास पहुँची—"क्यों राधा, तू तो रँगी साड़ी पहिनती है तो बड़ी आब रहती है, चमक रहती है, इसमें तो चमक आई नहीं?"

"तुमने कलफ जो नहीं लगाया अम्मा, थोड़ा-सा माँड़ दे देतीं तो अच्छा रहता। अभी दे लो, ठीक हो जाएगी। बुलावा कब का है?"

अरे, नए फैशनवालों की मत पूछो, ऐन मौकों पर बुलावा आता है। पाँच बजे का मुहूरत है, दिन में कभी भी आ जावेगा।"

राधा भाभी मन-ही-मन मुस्कुरा उठी।

बुआ ने साड़ी में माँड़ लगाकर सुखा दिया। फिर एक नई थाली निकाली, अपनी जवानी के दिनों में बुना हुआ क्रोशिए का एक छोटा-सा मेज़पोश निकाला। थाली में साड़ी, सिन्दूरदानी, एक नारियल और थोड़े-से बताशे सजाए, फिर जाकर राधा को दिखाया। संन्यासी महाराज सवेरे से इस आयोजन को देख रहे थे। उन्होंने कल से लेकर आज तक कोई पच्चीस बार चेतावनी दे दी थी कि यदि कोई बुलाने न आए तो चली मत जाना, नहीं तो ठीक नहीं होगा। हर बार बुआ ने बड़े ही विश्वास के साथ कहा—"मुझे क्या बावली ही समझ रखा है जो बिना बुलाए चली जाऊँगी? अरे वह पड़ोसवालों की नन्दा अपनी

आँखों से बुलावे की लिस्ट में नाम देखकर आई है। और बुलावेंगे क्यों नहीं ? शहरवालों को बुलावेंगे और समधियों को नहीं बुलावेंगे क्या ?''

तीन बजे के करीब बुआ को अनमने भाव से छत पर इधर-उधर घूमते देख राधा भाभी ने आवाज़ लगाई—''गईं नहीं बुआ ?''

एकाएक चौंकते हुए बुआ ने पूछा—''कितने बज गए राधा ?—क्या कहा, तीन ? सरदी में तो दिन का पता ही नहीं लगता है। बजे तीन ही हैं और धूप सारी छत पर से ऐसे सिमट गई मानो शाम हो गई हो।'' फिर एकाएक जैसे ख़याल आया कि वह तो भाभी के प्रश्न का उत्तर नहीं हुआ तो ज़रा ठंडे स्वर में बोली—''मुहूरत तो पाँच बजे का है, जाऊँगी तो चार तक जाऊँगी, अभी तो तीन ही बजे हैं।'' बड़ी सावधानी से उन्होंने स्वर में लापरवाही का पुट दिया। बुआ छत पर से गली में नज़र फैलाए खड़ी थीं, उनके पीछे ही रस्सी पर धोती फैली हुई थी, जिसमें कलफ लगा था और अबरक छिड़का हुआ था। अबरक के बिखरे हुए कण रह-रहकर धूप में चमक जाते थे, ठीक वैसे ही जैसे किसी को भी गली में घुसता देख बुआ का चेहरा चमक उठता था।

सात बजे के धुँधलके में राधा ने ऊपर से देखा तो छत की दीवार से सटी, गली की ओर मुँह किए एक छाया-मूर्ति दिखाई दी। उसका मन-भर आया। बिना कुछ पूछे इतना ही कहा, ''बुआ! सर्दी में खड़ी-खड़ी यहाँ क्या कर रही हो ? आज खाना नहीं बनेगा क्या, सात तो बज गए।''

जैसे एकाएक नींद में से जागते हुए बुआ ने पूछा—''क्या कहा, सात बज गए ?'' फिर जैसे अपने से ही बोलते हुए पूछा, ''पर सात कैसे बज सकते हैं, मुहूरत तो पाँच बजे का था।'' और फिर एकाएक ही सारी स्थिति को समझते हुए, स्वर को भरसक संयत बनाकर बोलीं—''अरे, खाने का क्या है, अभी बना लूँगी। दो जनों का तो खाना है, क्या खाना और क्या पकाना।''

फिर उन्होंने सूखी साड़ी को उतारा। नीचे जाकर अच्छी तरह उसकी तह की, धीरे-धीरे हाथों से चूड़ियाँ खोलीं, थाली में सजाया हुआ सारा सामान उठाया और सारी चीज़ें बड़े जतन से अपने एकमात्र सन्दूक में रख दीं।

और फिर बड़े ही बुझे हुए दिल से अँगीठी जलाने बैठीं।

खोटे सिक्के

''जी, इन्हें कहाँ रखूँ?''

एक सहमी-सी आवाज़ पर सब घूम पड़े। देखा एक छोटा लड़का थैली हाथ में लिए भयभीत-सा खड़ा है।

''क्या है इसमें?'' कड़ककर मि. खन्ना ने पूछा। आवाज़ में ऊँचे पद का गर्व बोल रहा था।

''जी...जी खोटे सिक्के हैं। वहाँ मेरा बाबा खोटे सिक्के चुन रहा है, उसी ने भेजे हैं।'' डर के मारे लड़के के गले से पूरी तरह आवाज़ भी नहीं निकल रही थी।

''तो इन्हें यहाँ क्यों लाया है—जा उधर ले जा।'' झिड़ककर खन्ना साहब ने लड़के को भगा दिया। हर बात को जानने के लिए बेहद उत्सुक छात्राओं के दल में से एक ने पूछा—''टकसाल में खोटे सिक्के कैसे आए?'' स्वर काफ़ी मीठा था। निरन्तर बड़ी-बड़ी मशीनों की कर्कश आवाज़ सुनने के आदी खन्ना साहब को लगा जैसे किसी ने मिसरी घोलकर कानों में उँडेल दी हो। क्रोध और रौब को एक ओर हटाकर, होंठों पर मधुर मुस्कान और आवाज़ में स्निग्धता लाकर बोले—''देखिए, बहुत सावधानी के बावजूद कभी-कभी बहुत सारे सिक्के बिगड़ ही जाते हैं। जहाँ सिक्के ढलते हैं, अगर उस मशीन में ज़रा-सी भी ख़राबी हो जाती है तो सारे सिक्कों की शेप बिगड़ जाती है और फिर उनकी गिनती खोटे सिक्कों में होने लगती है।''

''टकसालवाले करते क्या हैं इन खोटे सिक्कों का?'' एक ओर से प्रश्न आया।

''चला देते होंगे, और क्या? देखती नहीं, बाज़ार में कितने खोटे सिक्के चलते हैं।'' बड़े ही शोख ढंग से दूसरी ओर से शंका का समाधान हुआ।

''जी नहीं, खोटे सिक्कों को हम चला नहीं देते, वापस टकसाल में ही खपाते हैं। जो चीज़ हमारी टकसाल में खोटी होती है उसकी जिम्मेदारी तो हमारी है। उसे बाहर क्यों भेजेंगे भला?'' खन्ना साहब ने इस ढंग से कहा मानो बता रहे हों कि देखो हमारी नैतिकता को। हमें क्या इतना गया-गुजरा समझा है कि अपनी ग़लती को दूसरों के सिर मढ़ दें?

खन्ना साहब टकसाल के उच्च पदाधिकारी हैं। ये गाइड का काम कभी

नहीं करते। पर परसों जब उन्हें सूचना मिली कि लखनऊ से किसी कॉलेज की छात्राओं का एक दल कलकत्ते के दार्शनीय स्थानों को देखने के लिए आया है और वे टकसाल देखने की भी अनुमति चाहती हैं तो सहर्ष अनुमति देने के साथ ही दिखाने के लिए भी वे स्वयं ही तैनात हो गए। ठीक ग्यारह बजे बस पर से करीब बीस-बाईस छात्राओं ने दो अध्यापिकाओं के साथ टकसाल में प्रवेश किया। रंग-बिरंगे दुपट्टों और विभिन्न प्रकार के सेंटों की मिली-जुली सुगन्धि से जैसे एकाएक ही वहाँ मधुमास आ गया। बड़े तपाक से खन्ना साहब ने सबका स्वागत किया और बड़ी नम्रता से अपना परिचय दिया। उससे भी अधिक शालीनता और विनय से परिचय दिया अपने पद-गौरव का। फिर एक बार सतर्क नज़रों से सबके चेहरों को पढ़ा कि उस पद का रौब आँखें फाड़-फाड़कर अपने चारों ओर देखतीं, खुसर-फुसर करतीं, एक दूसरी को ठेलतीं उन लड़कियों पर भी पड़ा या नहीं? इसके बाद टकसाल का संक्षिप्त इतिहास बताते हुए उन्होंने अन्दर प्रवेश किया। एक चपल-सी छात्रा ने अपने स्वभाव से भी अधिक चपल दुपट्टे को काबू में रखने का प्रयास करते हुए कहा—"हमारी तलाशी नहीं ली जाएगी टकसाल में? सुनते हैं कि यहाँ घुसते और निकलते हुए सबकी तलाशी ली जाती है।"

"आप लोग तो हमारी मेहमान हैं। मेहमानों की भी कोई तलाशी लेता है भला? वह तो यहाँ काम करनेवाले मज़दूरों की तलाशी ली जाती हैं।" मुस्कुराकर खन्ना साहब ने कहा।

सबसे पहले वे एक बड़े से हॉल में पहुँचे, जहाँ कई भट्टियाँ बनी हुई थीं। "इन भट्टियों में कच्चे धातु को गलाया जाता है।" यह कहकर जैसे ही खन्ना साहब ने एक भट्टी के मुँह का ढक्कन खोला कि भट्टी के पास झुंड लगाकर खड़ी लड़कियाँ झटका खाकर दो क़दम पीछे हट गईं। आग की एक लहर जैसे सबको झुलसा गई। खन्ना साहब ने बताया, "यह तो साधारण भट्टी है। आपको बिजली की भट्टी भी दिखाऊँगा, उसमें तो आप बिना रंगीन चश्मा चढ़ाए देख भी नहीं सकतीं। लगता है जैसे सूरज सामने उतर आया हो।" इसके बाद उन्होंने सारी प्रक्रिया समझाई कि किस प्रकार कच्चे धातु को गलाकर सिक्कों के उपयुक्त बनाया जाता है, और उसके लम्बे-लम्बे बार्स बनाए जाते हैं। बड़े धैर्य और रुचि के साथ वे हाथों का संकेत कर-कर के समझा रहे थे और सारी छात्राएँ उनके चेहरे पर यों नज़र गड़ाए

सुन रही थीं मानों वहाँ का सारा ज्ञान सीख लेंगी। खन्ना साहब कोई चीज़ उठाते तो बीस-बाईस सिर इस तरह चारों ओर घिर आते मानों गुड़ की डली पर मक्खियाँ बैठ गई हों। जिस किसी भी हॉल से वे गुजरते, वहाँ काम करनेवालों की गति अपने आप ही बढ़ जाती। वे और अधिक मनोयोग और कुशलता से काम करने लगते। कभी-कभी खन्ना साहब किसी मशीन के पास खड़े हो जाते और रौबीले स्वर में हुक्म देते—"मशीन को चला दो।" झटके से मशीन चलाई जाती और खन्ना साहब उसका सारा ब्योरा समझाते। साथ में आई हुईं अधेड़ावस्था की अध्यापिकाएँ शुरू से ही खन्ना साहब की उपेक्षा पा रही थीं। उन्हें खन्ना साहब का लड़कियों में यह आवश्यकता से अधिक दिलचस्पी और आकर्षण अच्छे नहीं लग रहे थे। वे ठेलमेल में कभी जाने-अनजाने में लगे हलके-फुलके धक्कों को भी काफ़ी सन्देह की नज़र से देखकर जब-तब छात्राओं को फटकार देतीं थीं—"तुम लोग सिर पर ही क्यों चढ़ जाती हो? दूर रहकर क्यों नहीं देखतीं-सुनतीं?" और एक बार छात्राओं के झुंड और खन्ना साहब में सन्तोषजनक दूरी उत्पन्न कर देतीं, पर छात्राओं की अत्यधिक जिज्ञासा और आतुरता, तथा खन्ना साहब की आवश्यकता से अधिक रुचि में वह दूरी कब और कहाँ खो जाती, कोई जान ही नहीं पाता।

घूमते-घूमते वे एक बड़े से हॉल में आए, जहाँ की दैत्याकार मशीनें कान के पर्दे फाड़ देनेवाली आवाज़ से बेतहाशा दहाड़ रही थीं। खन्ना साहब के शब्द उस भीषण गर्जना से ही खो जाते थे। परिस्थिति का फायदा उठाकर मुँह को अति निकट लाकर वे बता रहे थे—"यहाँ पर तैयार धातु के बड़े-बड़े बार्स को पतला किया जाता है।" छात्राएँ मशीनों से काफ़ी दूर खड़ी थीं फिर भी उनका शरीर जैसे झुलसा जा रहा था। आग से लाल लम्बी-लम्बी सलाखें पटापट ऊपर से नीचे गिर रही थीं, और नीचे हाथों में बड़ी-बड़ी संडासियाँ लिये मज़दूर उन सलाखों को उसी गति के साथ उठा-उठाकर पास ही पानी की नालियों में पटकते जा रहे थे। नालियों का पानी बुरी तरह खौल रहा था और उनमें से गरम-गरम भाप उठ रही थी। आकार-प्रकार को देखकर ही जाना जा सकता था कि ये सलाखें उठानेवाले जीव मनुष्य हैं, वरना उनके भाव-शून्य चेहरे और मशीन की तरह निरन्तर खटखट चलते हाथों को देखकर मशीन का ही भ्रम होता था। शोख, हसीन और कमसिन छात्राओं की उपस्थिति भी उन मज़दूरों की गति में किसी प्रकार का व्यतिक्रम

उपस्थित नहीं कर पाई। वर्षों से निरन्तर मशीनों के बीच काम करते रहने के कारण वे सावनी समाँ और वासन्ती बहारों को शायद भूल चुके थे। उनकी रगों का खून शायद जलकर राख हो गया था। जिन्दा रहने के लिए बड़ी तत्परता से वे मौत से खेल रहे थे। लड़कियों के चेहरे दया और भय से आक्रान्त हो उठे।

"हाय राम, कैसा खतरनाक काम है।" एक ने कहा। दूसरी ने उससे भी अधिक सहानुभूति से कहा—"मैं तो इतनी दूर खड़े-खड़े भी भुर्ता हुई जा रही हूँ, ये पास रहकर कैसे काम करते होंगे?" एक ने खन्ना साहब से पूछा—"यह तो बड़ा ही खतरनाक काम है, ज़रा-सी चूक में सलाख सीधी टाँग पर ही आ गिरे।"

"जी हाँ, सो तो है ही। बहुत-सी दुर्घटनाएँ होती हैं। अभी कोई दो महीने पहले ही एक आदमी की दोनों टाँगें कट गईं।"

"त्...त्...सच? फिर भी ये लोग यह काम करने आते हैं, अपनी जान को जोखिम में डालकर?" किसी ने पिघलकर पूछा।

"काम करने! अरे, एक ही जगह खाली होती है तो पचासों टूट पड़ते हैं। आप जानती नहीं हमारे देश में इन्सान की जान बड़ी सस्ती है।"

"चलो बाबा यहाँ से। यहाँ तो अब देखा नहीं जाता।" इस वीभत्स दृश्य को देखना उन लोगों के लिए शारीरिक और मानसिक दोनों ही दृष्टियों से असह्य हो रहा था। वहाँ से चलकर उन्होंने एक-एक करके सब देखा कि किस प्रकार ताँबे के इन मोटे-मोटे बारों को पतला किया जाता है, फिर पैसे के आकार के गोल-गोल टुकड़े काटे जाते हैं, उन पर राजकीय मोहर और सन् की छाप पड़ती है, उन्हें साबुन और सोडे के पानी में धोकर साफ किया जाता है। फिर पाँच-सात आदमी बैठकर ढेरियाँ बनाकर अपने सधे हाथों से खोटे सिक्के चुनते हैं, और उन्हें बकौल खन्ना साहब, वापस मिन्ट में ही खपा दिया जाता है। और यह सब देखते-देखते लड़कियों के ताजे ग़मकते चेहरे क्लान्त होकर मुरझा गए। वहाँ पर उन लोगों के लिए चाय और जलपान की व्यवस्था भी थी। दो नौकर खन्ना साहब की आज्ञा की प्रतीक्षा में हाथ बाँधे खड़े थे। नाज-नखरों से पली ये लड़कियाँ, जिन्हें कभी गरीबी या अभावों की छाया ने भी नहीं छुआ था, मज़दूरों की उस वीभत्स झाँकी को देखकर बड़ी आतंकित हो उठी थीं। बैठते ही पूछा—"इन मज़दूरों को तनख़्वाह क्या मिलती होगी?"

"साठ रुपए मासिक।"

"आदमी यों साठ रुपए की खातिर अपनी जान जोखिम में डाल देता है?" एक ने अपार आश्चर्य और दहशत से पूछा।

संसार को मात्र किताबों के द्वारा जाननेवाली इन अनुभवहीन छात्राओं की बुद्धि पर खन्ना साहब मुस्कुरा उठे। गद्दीदार कुर्सियों पर बैठकर रसगुल्ले और गरमा-गरम समोसे खाती हुई उन छात्राओं का दिल मज़दूरों की दुर्दशा पर करुणा से पसीजा जा रहा था। तभी बाहर से एक औरत के रोने की आवाज़ से बातों का क्रम टूट गया। खन्ना साहब की भौंहों पर सलवटें उभर आईं। परिस्थिति समझने के लिए वे कुर्सी से उठे ही थे कि एक मैले-कुचैले कपड़े पहने, आँख-नाक से पानी बहाती बुढ़िया भीतर चली आई और खन्ना साहब के पैरों पर गिर पड़ी। घृणा से खन्ना साहब ने पाँव खींच लिए। ग़ुस्सा उनको इतना आ रहा था कि यदि ये कोमल शरीर और उससे भी कोमल दिलवाली लड़कियाँ उस समय वहाँ न बैठी होतीं तो उसके सिर पर कसकर लात जमा देते।

कड़ककर खन्ना साहब ने पूछा, "कौन है तू? यहाँ कैसे चली आई?" तभी रोकता-थामता चपरासी आ गया। उसने बताया कि दो महीने पहले जिस मज़दूर की दोनों टाँगें कट गई थीं, यह उसी की स्त्री है। स्त्री रोते-रोते सिर पटक-पटककर हाथ जोड़-जोड़कर कह रही थी—"उसे कोई छोटा-मोटा काम दे दीजिए सरकार, नहीं तो हम भूखों मर जाएँगे। बैठे-बैठे वह खोटे सिक्के चुनने का काम ही कर देगा।"

"दिमाग़ ख़राब हो गया है। जिसकी दोनों टाँगें नहीं हैं वह क्या खाक काम करेगा? चलो हटो यहाँ से। मौके-बेमौके सिर खाने आ जाते हैं।"

"अब कहाँ जाएँ सरकार? बीस साल तक आप लोगों की नौकरी की, आपकी नौकरी में ही टाँग गई, अब कहाँ जाएँ सरकार? हम पर दया करिए, नहीं तो बाल-बच्चे भूखों मर जाएँगे।"

"नौकरी में टाँग गई तो मुआवजा नहीं मिल गया दो सौ रुपए? अब क्या जागीर लिख दूँ उसके नाम? चपरासी, बाहर निकालो इसे।"

"मेरे आदमी को बेकार कर दिया...अब वह कहाँ जाए...उसे यहीं कोई काम दे दो हजूर...नहीं तो...।" पर वह वाक्य पूरा करती इससे पहले ही चपरासी उसे घसीट ले गया।

लड़कियों के चेहरों पर व्याप्त करुणा को देखकर खन्ना साहब के लिए

सफ़ाई पेश करना ज़रूरी हो गया। बोले—"टाँगें कट गईं तो हमने दो-सौ रुपए मुआवजे के दे दिए। और हम कर भी क्या सकते हैं? यों इन लोगों को यहाँ बिठाना शुरू कर दें तो टकसाल अपंगों का अड्डा ही बन जाए। आए दिन ही तो यहाँ ऐसी दुर्घटनाएँ होती रहती हैं।"

इसके बाद बड़ी कुशलता से उन्होंने बात का प्रसंग बदलकर ऐसे चुटकुले सुनाना शुरू किया कि लड़कियाँ हँस-हँसकर दुहरी होने लगीं।

मैं हार गई

जब कवि-सम्मेलन समाप्त हुआ तो सारा हॉल हँसी-कहकहों और तालियों की गड़गड़ाहट से गूँज रहा था। शायद मैं ही एक ऐसी थी, जिसका रोम-रोम क्रोध से जल रहा था। उस सम्मेलन की अन्तिम कविता थी 'बेटे का भविष्य'। उसका सारांश कुछ इस प्रकार था, एक पिता अपने बेटे के भविष्य का अनुमान लगाने के लिए उसके कमरे में एक अभिनेत्री की तस्वीर, एक शराब की बोतल और एक प्रति गीता की रख देता है और स्वयं छिपकर खड़ा हो जाता है। बेटा आता है और सबसे पहले अभिनेत्री की तस्वीर को उठाता है। उसकी बाँछें खिल जाती हैं। बड़ी हसरत से उसे वह सीने से लगाता है, चूमता है और रख देता है। उसके बाद शराब की बोतल से दो-चार घूँट पीता है। थोड़ी देर बाद मुँह पर अत्यन्त गम्भीरता के भाव लाकर, बग़ल में गीता दबाए वह बाहर निकलता है। बाप बेटे की यह करतूत देखकर उसके भविष्य की घोषणा करता है, "यह साला तो आजकल का नेता बनेगा!"

कवि महोदय ने यह पंक्ति पढ़ी ही थी कि हॉल के एक कोने से दूसरे कोने तक हँसी की लहर दौड़ गई। पर नेता की ऐसी फज़ीहत देखकर मेरे तो तन-बदन में आग लग गई। साथ आए हुए मित्र ने व्यंग्य करते हुए कहा, "क्यों, तुम्हें तो वह कविता बिल्कुल पसन्द नहीं आई होगी। तुम्हारे पापा भी तो एक बड़े नेता हैं!"

मैंने ग़ुस्से में जवाब दिया, "पसन्द! मैंने आज तक इससे भद्दी और भोंडी कविता नहीं सुनी!"

अपने मित्र की व्यंग्य की तिक्तता को मैं खूब अच्छी तरह पहचानती थी। उनका क्रोध बहुत कुछ चिलम न मिलने वालों के आक्रोश के समान ही था। उनके पिता चुनाव में मेरे पिताजी के प्रतिद्वन्द्वी के रूप में खड़े हुए थे और हार गए थे। उस तमाचे को वह अभी तक नहीं भूले थे। आज यह कविता सुनकर उन्हें दिल की जलन निकालने का अवसर मिला। उन्हें लग रहा था, मानो उनके पिता का हारना भी आज सार्थक हो गया। पर मेरे मन में उस समय कुछ और चक्कर चल रहा था।

मैं जली-भुनी जो गाड़ी में बैठी तो सच मानिए, सारे रास्ते यही सोचती रही कि किस प्रकार इन कवि महाशय को करारा-सा जवाब दूँ। मेरे पापाजी के राज में ही नेता की ऐसी छीछालेदर भी कोई चुपचाप सह लेने की बात थी भला! चाहती तो यही थी कि कविता में ही उनको जवाब दूँ, पर इस ओर कभी कदम नहीं उठाया था। सो निश्चय किया कि कविता नहीं तो कहानी ही सही। अपनी कहानी में मैंने एक ऐसे सर्वगुणसम्पन्न नेता का निर्माण करने की योजना बनाई जिसे पढ़कर कवि महाशय को अपनी हार माननी ही पड़े। भरी सभा में वह जो नेहला मार गए थे, उस पर मैं दहला नहीं, सीधे इक्का ही फटकारना चाहती थी, जिससे बाज़ी हर हालत में मेरी ही रहे।

यही सब सोचते-सोचते मैं कमरे में घुसी, तो दीवार पर लगी बड़े-बड़े नेताओं की तस्वीरों पर नज़र गई। सबके प्रतिभाशाली चेहरे मुझे प्रोत्साहन देने लगे। सब नेताओं के व्यक्तिगत गुणों को एक साथ ही मैं अपने नेता में डाल देना चाहती थी, जिससे वह किसी भी गुण में कम न रहने पाए।

पूरे सप्ताह तक मैं बड़े-बड़े नेताओं की जीवनियाँ पढ़ती रही और अपने नेता का ढाँचा बनाती रही। सुना था और पढ़कर भी महसूस किया कि जैसे कमल कीचड़ में उत्पन्न होता है, वैसे ही महान आत्माएँ ग़रीबों के घर ही उत्पन्न होती हैं। सोच-विचारकर एक शुभ मुहूर्त देखकर मैंने सब गुणों से लैस करके अपने नेता का जन्म, गाँव के एक ग़रीब किसान की झोंपड़ी में करा दिया।

मन की आशाएँ और उमंगें जैसे बढ़ती हैं, वैसे ही मेरा नेता भी बढ़ने लगा। थोड़ा बड़ा हुआ तो गाँव के स्कूल में ही उसकी शिक्षा प्रारम्भ हुई। यद्यपि मैं इस प्रबन्ध से विशेष सन्तुष्ट नहीं थी, पर स्वयं ही मैंने परिस्थिति बना डाली थी कि इसके सिवाय कोई चारा नहीं था। धीरे-धीरे उसने मिडिल पास किया। यहाँ तक आते-आते उसने संसार के सभी महान व्यक्तियों की

जीवनियाँ और क्रान्तियों के इतिहास पढ़ डाले। देखिए, आप बीच में ही ये मत पूछ बैठिए कि आठवीं का बच्चा इन सबको कैसे समझ सकता है? यह तो एकदम अस्वाभाविक बात है। इस समय मैं आपके किसी भी प्रश्न का जवाब देने की मनःस्थिति में नहीं हूँ। आप यह न भूले कि यह बालक एक महान भावी नेता है।

हाँ, तो यह सब पढ़कर उसके सीने में बड़े-बड़े अरमान मचलने लगे, बड़े-बड़े सपने साकार होने लगे, बड़ी-बड़ी उमंगें करवटें लेने लगीं। वह जहाँ कहीं भी अत्याचार देखता, मुट्ठियाँ भींच-भींचकर संकल्प करता, उसको दूर करने की बड़ी-बड़ी योजनाएँ बनाता और मुझे उसकी योजना में, उसके संकल्पों में अपनी सफलता हँसती-खेलती नज़र आती। एक बार जान का खतरा मोल लेकर मैंने ज़मींदार के कारिन्दों से भी उसकी मुठभेड़ करा दी, और उसकी विजय पर उससे अधिक हर्ष मुझे हुआ।

तभी अचानक एक घटना घट गई। उसके पिता की अचानक मृत्यु हो गई। दवा-इलाज के लिए घर में पैसा नहीं था। सो उसके पिता ने तड़प-तड़पकर जान दे दी और वह बेचारा कुछ भी न कर सका। पिता की इस बेबसी की मृत्यु का भारी सदमा उसको लगा। उसकी बूढ़ी माँ ने रोते-रोते प्राण तो नहीं, पर आँखों की रोशनी गँवा दी। घर में उसकी एक विधवा बुआ और एक छोटी क्षयग्रस्त बहन और थी। सबके भरण-पोषण का भार उस पर आ पड़ा। आय का कोई साधन था नहीं। थोड़ी-बहुत ज़मीन जो थी, उसे ज़मींदार ने लगान बकाया निकालकर हथिया लिया। उसके पिता की विनम्रता का लिहाज़ करके अभी तक वह चुप बैठा था। अब क्यों मानता? उसके क्रान्तिकारी बेटे से वह परिचित था। सो अवसर मिलते ही बदला ले लिया। अब मेरे भावी नेता के सामने भारी समस्या थी। वह सलाह लेने मेरे पास आया। मैंने कहा, "अब समय आ गया है। तुम घर-बार और रोटी की चिन्ता छोड़कर देश-सेवा के कार्य में लग जाओ। तुम्हें देश का नव-निर्माण करना है। शोषितों की आवाज़ को बुलन्द करके देश में वर्गहीन समाज की स्थापना करनी है। तुम सब कुछ बड़ी सफलतापूर्वक कर सकोगे, क्योंकि मैंने तुममें सब आवश्यक गुण भर दिए हैं।"

उसने बहुत ही बुझे हुए स्वर में कहा, "यह तो सब ठीक है, पर मेरी अन्धी माँ और बीमार बहन का क्या होगा? मुझे देश प्यारा है, पर ये लोग भी कम प्यारे नहीं।"

मैं झल्ला उठी, ''तुम नेता होने जा रहे हो या कोई मज़ाक है? जानते नहीं, नेता लोग कभी अपने परिवार के बारे में नहीं सोचते, वे देश के, सम्पूर्ण राष्ट्र के बारे में सोचते हैं। तुम्हें मेरे आदेश के अनुसार चलना होगा। जानते हो, मैं तुम्हारी स्रष्टा हूँ, तुम्हारी विधाता!''

उसने सबकुछ अनसुना करके कहा, ''यह सब तो ठीक है पर मैं अपनी अन्धी बूढ़ी माँ की दर्दभरी आहों की उपेक्षा, किसी भी मूल्य पर नहीं कर सकता। तुम मुझे कहीं नौकरी क्यों नहीं दिला देतीं? गुज़ारे का साधन हो जाने से मैं बाकी सारा समय सहर्ष देश-सेवा में लगा दूँगा। तुम्हारे सपने सच्चे कर दूँगा। पर पहले मेरे पेट का कुछ प्रबन्ध कर दो।''

मैंने सोचा, क्यों न अपने पिताजी के विभाग में इसे कहीं कोई नौकरी दिलवा दूँ। पर पिताजी की उदार नीति के कारण कोई जगह खाली भी तो रहने पाए! देखा तो सब जगहें भरी हुई थीं। कहीं मेरे चचेरे भाई विराजमान थे, तो कहीं फुफेरे। मतलब यह है कि मैं उसके लिए कोई प्रबन्ध न कर सकी। उसका मुँह तो चीर दिया, पर उसे भरने का प्रबन्ध न कर सकी। हारकर उसने मज़दूरी करना शुरू कर दिया। ज़मींदार की नई हवेली बन रही थी, वह उसी में ईंटें ढोने का काम करने लगा। जैसे-जैसे वह सिर पर ईंटें उठाता, उसके अरमान नीचे को धसकते जाते। मैंने लाख बार उसे यह काम न करने के लिए कहा, पर वह अपनी माँ-बहन की आड़ लेकर मुझे निरुत्तर कर देता। मुझे उस पर कम क्रोध नहीं था। फिर भी मुझे भरोसा था, क्योंकि बड़ी-बड़ी प्रतिभाओं और गुणों को मैंने उसको घुट्टी में पिला दिया था। हर परिस्थिति में वे अपना रंग दिखलाएँगे। यह सोचकर ही मैंने उसे उसके भाग्य पर छोड़ दिया और तटस्थ दर्शक की भाँति उसकी प्रत्येक गतिविधि का निरीक्षण करने लगी।

उसकी बीमार बहन की हालत बेहद खराब हो गई। वह उसे बहुत प्यार करता था। उसने एक दिन काम से छुट्टी ली और शहर गया, उसके इलाज के प्रबन्ध की तलाश में। घूम-फिरकर एक बात उसकी समझ में आई कि काफ़ी रुपया हो तो उसकी बहन बच सकती है। रास्ते-भर उसकी रुग्ण बहन की करुण चीत्कार उसके हृदय को बेधती रही। बार-बार जैसे उसकी बहन चिल्ला-चिल्लाकर कह रही थी, 'भैया, मुझे बचा लो। कहीं से भी रुपए का प्रबन्ध करके मुझे बचा लो। भैया, मैं मरना नहीं चाहती!'...और उसके सामने उसके बाप की मृत्यु का दृश्य घूम गया। ग़ुस्से से उसकी नसें तन गईं।

वह गाँव आया और वहाँ के जितने भी सम्पन्न लोग थे, सबसे क़र्ज़ माँगा, मिन्नतें कीं, हाथ जोड़े, पर निराशा के अतिरिक्त उसे कुछ नहीं मिला। इस नाकामयाबी पर उसका विद्रोही मन जैसे भड़क उठा। वह दिन-भर बिना बताए, जाने क्या-क्या संकल्प करता रहा। और आधी रात के करीब दिल में निहायत ही नापाक इरादा लेकर उठा।

मैं काँप गई। वह चोरी करने जा रहा था! मेरे बनाए नेता का ऐसा पतन! वह चोरी करे! छी:-छी:! और इसके पहले कि चोरी-जैसा जघन्य कार्य करके वह अपनी नैतिकता का हनन करता, मैंने उसका ही खात्मा कर दिया! अपनी लिखी हुई कहानी के पन्नों के टुकड़े-टुकड़े कर दिए।

उसकी तबाही के साथ एक महान नेता के निर्माण करने का मेरा हौसला भी मुझे तबाह होता नज़र आया। लेकिन इतनी आसानी से मैं हिम्मत हारनेवाली न थी। बड़े धैर्य के साथ मैं अपनी कहानी का विश्लेषण करने बैठी कि आख़िर क्यों, सब गुणों से लैस होकर भी मेरा नेता, नेता न बनकर चोर बन गया? और खोजबीन करते-करते मैं अपनी असफलता की जड़ तक पहुँच ही गई। ग़रीबी! ग़रीबी के कारण ही उसके सारे गुण, दुर्गुण बन गए और मेरी मनोकामना अधूरी ही रह गई। जब सही कारण सूझ गया तो उसका निराकरण क्या कठिन था!

एक बार फिर मैंने कलम पकड़ी और नेता बदले हुए रूप और बदली हुई परिस्थितियों में फिर एक बार इस संसार में आ गया। इस बार उसने शहर के करोड़पति सेठ के यहाँ जन्म लिया, जहाँ न उसके सामने पेट भरने का सवाल था, न बीमार बहन के इलाज़ की समस्या। असीम लाड़-प्यार और धन-वैभव के बीच वह पलने लगा। बढ़िया-से-बढ़िया स्कूल में उसे शिक्षा दी गई। उसकी अलौकिक प्रतिभा देखकर सब चकित रह जाते। वह अत्याचार होते देखकर तिलमिला जाता, जोशीले भाषण देता, गाँवों में जाकर वह बच्चों को पढ़ाता। ग़रीबों के प्रति उसका दिल दया से लबालब-भरा रहता। अमीर होकर भी वह सादगी से जीवन बिताता, सारांश यह कि महान नेता बनने के सभी शुभ लक्षण उसमें नज़र आए। क़दम-क़दम पर वह मेरी सलाह लेता, और मैंने भी उसके भावी जीवन का नक्शा उसके दिमाग़ में पूरी तरह उतार दिया था, जिससे वह कभी भी पथ-भ्रष्ट न होने पाए।

मैट्रिक पास करके वह कॉलेज गया। जिस कॉलेज में एक समय में केवल राजाओं के पुत्र ही पढ़ा करते थे और आज भी जहाँ रईसी का

वातावरण था, उसी कॉलेज में उसके पिता ने उसे भर्ती कराया। लेकिन मेरी सारी सावधानी के बावजूद उन रईसज़ादों की सोहबत अपना रंग दिखाए बिना न रही। वह अब ज़रा आरामतलब हो गया। मेरे सलाह-मशविरों की अब उसे उतनी चिन्ता न रही। घंटों अब वह कॉफ़ी-हाउस में रहने लगा। और एक दिन तो मैंने उसे हाउज़ी खेलते देखा। मेरा दिल धक से कर गया। जुआ! हाय राम! यह क्या हो गया? मैं सँभलकर कुर्सी पर बैठ गई और क़लम को कसकर पकड़ लिया। क़लम को ज़ोर से पकड़कर ही मुझे लगा, मानो मैंने उसकी नकेल को कसकर पकड़ लिया हो। पर उसके तो जैसे अब पर निकल आए थे। जुआ ही उसके नैतिक पतन की अन्तिम सीमा न रही। कुछ दिनों बाद ही मैंने उसे शराब पीते भी देखा। मेरा क्रोध सीमा से बाहर जा चुका था। मैंने उसे अपने पास बुलाया। अपने क्रोध पर जैसे-तैसे क़ाबू रखते हुए मैंने उससे पूछा, ''जानते हो, मैंने तुम्हें किसलिए बनाया है?''

वह भी मानो मेरा सामना करने के लिए पूरी तरह तैयार होकर आया था। बोला, ''अपने स्वार्थ की पूर्ति के लिए, अपनी इच्छा पूरी करने के लिए तुमने मुझे बनाया है। पर यह ज़रूरी नहीं कि मैं तुम्हारी इच्छानुसार ही चलूँ, मेरा अपना अस्तित्व भी है, मेरे अपने विचार भी हैं।''

मैं चिल्ला उठी, ''जानते हो, तुम किससे बातें कर रहे हो? मैं तुम्हारी स्रष्टा हूँ, तुम्हारी निर्माता! मेरी इच्छा से बाहर तुम्हारा कोई स्वतंत्र अस्तित्व नहीं!''

वह हँस पड़ा, ''अरे! तुमने तो मुझे अपनी क़लम से पैदा किया है, मेरे इन दोस्तों को देखो! इनकी अम्माओं ने तो इन्हें अपने जिस्म से पैदा किया है। फिर भी वे इनके निजी जीवन में इतना हस्तक्षेप नहीं करतीं, जितना तुम करती हो। तुमने तो मेरी नाक में दम कर रखा है। ऐसा करो, वैसा मत करो। मानो मैं आदमी नहीं, काठ का उल्लू हूँ। सो बाबा ऐसी नेतागिरी मुझसे निभाए न निभेगी। यह उम्र, दुनिया की रंगीनी और घर की अमीरी! बिना लुत्फ़ उठाए यों ही जवानी क्यों बर्बाद की जाए? यह सब करके क्या नेता नहीं बना जा सकता?''

और मैं कुछ कहूँ, उसके पहले ही वह सीटी बजाता हुआ चला गया।

कल्पना तो कीजिए उस ज़लालत की, जो मुझे सहनी पड़ी! इच्छा तो यह हुई कि अपने पहलेवाले नेता की तरह इसका भी सफ़ाया कर दूँ। पर सदमा इतना गहरा था कि जोश भी न रहा। इतना सब हो जाने पर भी जाने क्यों, मन में एक क्षीण-सी आशा बनी हुई थी कि शायद वह सीधे रास्ते पर

आ जाए। गांधीजी ने भी तो एक बार बचपन में चोरी की थी, बुरे कर्म किए थे, फिर अपने-आप रास्ते पर आ गए। सम्भव है, इसके हृदय में भी कभी पश्चात्ताप की आग जले और यह अपने-आप सुधर जाए पर अब मैंने उसे आदेश देना बन्द कर दिया और धैर्य के साथ उस दिन की प्रतीक्षा करने लगी, जब वह पश्चात्ताप की अग्नि में झुलसता हुआ मेरे चरणों में आ गिरेगा और अपने किए के लिए क्षमा माँगेगा!

पर ऐसा शुभ दिन कभी नहीं आया। जो दिन आया, वह कल्पनातीत था। एक बहुत ही सुहावनी साँझ को मैंने देखा कि वह खूब सज-धज रहा है। आज का लिबास कुछ अनोखा ही था। शार्कस्किन के सूट की जगह सिल्क की शेरवानी थी। सिगरेट की जगह पान था। सैंट महक रहा था। बाहर हॉर्न बजा और वह गुनगुनाकर अपने मित्र की गाड़ी में जा बैठा। गाड़ी एक बार के सामने रुकी। और रात तक वे साहबज़ादे पेग-पर-पेग डालते रहे, भद्दे मज़ाक करते रहे और ठहाके लगाते रहे। रात को नौ बजे उठे, तो पैर लड़खड़ा रहे थे। जैसे-तैसे गाड़ी में बैठे और ड्राइवर से जिस गन्दी जगह चलने को कहा, उसका नाम लिखते भी मुझे लज्जा लगती है!

अपने को बहुत रोकना चाहती थी, फिर भी वह घोर पाप मैं सहन न कर सकी और तय कर लिया कि आज जैसे भी होगा, मैं फ़ैसला कर ही डालूँगी। मैं ग़ुस्से से काँपती हुई उसके पास पहुँची। इस समय उससे बात करने में भी मुझे घृणा हो रही थी, क्रोध से मेरा रोम-रोम जल रहा था! फिर भी अपने को क़ाबू में रखकर और स्वर को भरसक कोमल बनाकर मैंने उससे कहा, "एक बार अन्तिम चेतावनी देने के ख़याल से ही मैं इस समय तुम्हारे पास आई हूँ। तुम्हारा यह सर्वनाश देखकर, जानते हो मुझे कितना दुख होता है? अब भी समय है, सँभल जाओ। सुबह का भूला यदि शाम को घर आ जाए, तो भूला नहीं कहलाता!"

पर इस समय वह शायद मुझसे बात करने की मन:स्थिति में ही नहीं था। उसने पान चबाते हुए कहा, "अरे जान! यह क्या तुमने हर समय नेतागिरी का पचड़ा लगा रखा है? कहाँ तुम्हारी नेतागिरी और कहाँ छमिया का छमाका! देख लो, तो बस सरूर आ जाए।"

मैंने कान बन्द कर लिए। वह कुछ और भी बोला, पर मैंने सुना नहीं। पर उसने जो आँख मारी, वह दिखाई दी और मुझे लगा, जैसे पृथ्वी घूम रही है। मैंने आँखें बन्द कर लीं और ग़ुस्से से होंठ काट लिए। क्रोध के आवेग

में कुछ भी कहते नहीं बना, केवल मुँह से इतना ही निकला, "दुराचारी! अशिष्ट! नारकीय कीड़े!"

उसके मित्र ने जो कुछ कहा, उसकी हल्की-सी ध्वनि मेरे कान में पड़ी। वह जाते-जाते कह रहा था, "अरे! ऐसी घोर हिन्दी में फटकारोगी तो वह समझेगा भी नहीं! ज़रा सरल भाषा बोलो!"

और अधिक सहना मेरे बूते के बाहर की बात थी। मैंने जिस क़लम से उसको उत्पन्न किया था, उसी क़लम से उसका खात्मा भी कर दिया। वह छमिया के यहाँ जाकर बैठनेवाला था कि मैंने उसे रद्दी की टोकरी में डाल दिया। जैसा किया, वैसा पाया!

उसने तो अपने किए का फल पा लिया, पर मैं समस्या का समाधान नहीं पा सकी। इस बार की असफलता ने तो बस मुझे रुला ही दिया। अब तो इतनी हिम्मत भी नहीं रही कि एक बार फिर मध्यम वर्ग में अपना नेता उत्पन्न करके फिर से प्रयास करती। इन दो हत्याओं के भार से ही मेरी गर्दन टूटी जा रही थी, और हत्या का पाप ढोने की न इच्छा थी न शक्ति ही। और अपने सारे अहं को तिलांजलि देकर बहुत ही ईमानदारी से मैं कहती हूँ कि मेरा रोम-रोम महसूस कर रहा था कि कवि भरी सभा में शान के साथ जो नेहला फटकार गया था, उस पर इक्का तो क्या, मैं दुग्गी भी न मार सकी। मैं हार गई, बुरी तरह हार गई।

सज़ा

पप्पा का कार्ड आया है चाचाजी के नाम, "फ़ैसले की तारीख 16 अप्रैल पड़ी है और इस बार निश्चित रूप से फ़ैसला हो जाएगा, पहले की तरह स्थगित नहीं होगा। यदि छुट्टी मिल सके और असुविधा न हो तो दो दिन के लिए आ जाना।"

मेरे और मुन्नू के लिए एक लाइन तक नहीं लिखी थी। न प्यार, न आने के लिए कुछ। पूरे साल में पप्पा का यह पहला कार्ड था और हमारे विषय में कुछ नहीं लिखा, जैसे उन्हें मालूम ही नहीं हो कि हम भी यहाँ हैं। क्या पप्पा ने अपने को इतना बदल लिया है? उन्होंने क्या बदल लिया है, शायद

समय ने उन्हें बदल दिया है। उन्हें ही क्या, सबको ही बदल दिया। मैं क्या कम बदल गई हूँ? मुन्नू क्या कम बदला है? पता नहीं, अम्मा की क्या हालत होगी! ओह, इन पाँच सालों में क्या कुछ नहीं हो गया!

16 अप्रैल, आज से पाँच दिन बाद। मैं जाऊँगी, जरूर जाऊँगी और मुन्नू को लेकर ही जाऊँगी। कान्ता मामा ने तो हर सुनवाई के बाद यही लिखा है कि इस बार फ़ैसला पक्ष में होगा। हे भगवान्, ऐसा ही हो! पर रह-रहकर मन काँप जाता है। पहली बार भी तो सब यही कहते थे। तब मैं एकदम नासमझ नहीं थी, फिर भी ज़्यादा नहीं समझती थी। पप्पा और अम्मा तो हमेशा मुझे बच्ची ही समझते थे, इसीलिए शायद बड़ी ही नहीं हो पाती थी। इधर एकदम कितनी बड़ी हो गई हूँ! क़ानून की बातें समझने लगी हूँ। सात आदमियों का दोनों समय का खाना बना लेती हूँ। खाना ही नहीं, घर का सारा ही तो काम करने लगी हूँ। मेरे साथ स्कूल में जो लड़कियाँ पढ़ती थीं, उनसे करवा लो देखें कोई भी काम! पर वे क्यों ये सब काम करें? भगवान् कभी उन्हें ऐसे बुरे दिन न दिखाएँ!

क्या पापा सचमुच छूट जाएँगे? पिछली बार जब फ़ैसला हुआ था तब दादी, बाबा, चाचा—सब आ गए थे। सब लोग कचहरी गए, पर हमें नहीं ले गए। मुन्नू को छोड़ जाते, वह सचमुच बच्चा था; पर मैं तो बड़ी थी, नवीं का इम्तिहान दे चुकी थी। मुझे पापा के सारे केस की बातें पता थीं, फिर भी मुझे नहीं ले गए थे। मैं और मुन्नू साँस रोककर सबके लौटने की प्रतीक्षा कर रहे थे। मैं खुद बहुत घबरा रही थी; पर मुन्नू को बराबर समझाती जा रही थी। और कोई चाहे मुझे बड़ा न समझता; पर वह तो समझता ही था। बारह बजे दादी और अम्मा ने रोते-रोते घर में प्रवेश किया। बाबा कुर्सी पर बैठकर, हथेलियों में मुँह छिपाकर, फूट-फूटकर रोने लगे, "हे भगवान्, तेरे राज में इतना अँधेर! मेरे निर्दोष बेटे को दो साल की सज़ा!" सबको रोते देख हम दोनों भी खूब रोए।

दो दिन मैं स्कूल नहीं गई। जब गई तो मेरी सभी सहेलियाँ हमदर्दी दिखाने लगीं। पर वह हमदर्दी बिल्कुल नहीं थी। हमदर्दी क्या ऐसे कहकर दिखाई जाती है, "हाय-हाय, बेचारी के पिता को जेल हो गई!" आपस में दबी-दबी जबान में कहतीं, "इतने बड़े लोग भी चोरी करते हैं? तभी ठाठ थे आशाजी के!" मेरा जी होता, चीख़-चीख़कर सबसे कहूँ कि पप्पा ने कुछ नहीं किया है, बस, इस समय उनके ग्रह बिगड़े हुए हैं। ग्रह जब बिगड़ जाते

हैं तब क्या नहीं हो जाता? रामचन्द्रजी ने कौन चोरी की थी, फिर भी चौदह साल का वनवास काटा या नहीं? पांडवों ने क्या किया था, फिर भी अज्ञातवास किया या नहीं? तब? जब ग्रह बिगड़ते हैं तो राजा को भी सब कुछ भोगना पड़ता है। इतनी सी बात ये लोग क्यों नहीं समझतीं? अम्मा ने मुझे समझाया कि अभी हमारे बुरे दिन हैं, जो भी आए, चुपचाप सहन कर लो; और मैं समझ गई। तभी तो उन लोगों से कुछ नहीं कहती थी। पर उनको कभी समझ नहीं आया। शायद बुरे दिनों में ही समझ बढ़ती है।

ख़ैर, तभी कान्त मामा आ गए। वह इंग्लैंड से जैसे ही लौटे, सीधे घर आ गए थे। कितना बिगड़े थे बाबा और चाचाजी पर कि यह सब हो कैसे गया? आज के ज़माने में तो गुनहगार अपने को साफ़ बचाकर ले जाते हैं। लाखों हजम करके मूँछों पर ताव देते घूमते हैं। फाइलें की फाइलें ग़ायब करवा देते हैं। और एक ये हैं कि बिना गड़बड़ किए सज़ा भोगने जा रहे हैं! बिना अपराध किए भी बाबा अपराधी की भाँति चुपचाप सिर नीचा किए सब सुनते रहे। वह बेचारे कानून के छक्के-पंजे क्या जानें? जब नहीं सुना जाता तो रो पड़ते। उस समय मुझे कान्त मामा का व्यवहार ज़रा भी अच्छा नहीं लगता था पर कुछ कह भी तो नहीं सकता था कोई। वह हाईकोर्ट में अपील मंजूर करवाने के लिए भाग-दौड़ कर रहे थे। इंग्लैंड से लौटकर कान्त मामा अपने को बहुत समझने लगे थे, वह शायद बहुत-कुछ होकर भी आए थे।

उन्होंने सचमुच अपील मंजूर करवा दी। मैं सोच रही थी, अब पप्पा कितना प्यार करेंगे हमें! कितने दिनों से घर में मनहूसियत छाई हुई है, वह दूर हो जाएगी। हमारे अच्छे दिन लौट आएँगे। सब लोगों के आ जाने से हमें तो कोई पूछता ही नहीं था। एकाएक जैसे हम कुछ नहीं रहे। मैं फिर भी कुछ समझती थी पर मुन्नू कुछ नहीं समझता, किसी भी चीज़ की ज़िद कर बैठता। मैं उसे समझाती, "भैया, अभी हमारे बुरे ग्रह आए हुए हैं, किसी भी चीज़ की ज़िद नहीं करते।" पर वह ग्रह-व्रह कुछ नहीं मानता और रोए ही चला जाता।

अपील मंजूर होने पर मैंने सोचा था, अब हमारे बुरे दिन टल गए, अब सब कुछ पहले जैसा हो जाएगा। तब मैं नहीं जानती थी कि अपील मंजूर हो जाना मुक़दमा जीतना नहीं होता—मुक़दमे की शुरुआत होती है—असली लड़ाई—असली परीक्षा।

मुझे दस दिन पहले की बात याद आई। तीन साल चलनेवाले मुक़दमे

का फ़ैसला सुनाकर दादी, बाबा और अम्मा ने तो घर में घुसते ही रोना-धोना मचा दिया था। पप्पा थोड़ी देर बाद चाचा के साथ ताँगे पर आए थे और आते ही बात करना तो दूर, बिना किसी की ओर देखे, चुपचाप, नीची नज़र किए वह ऊपर चले गए। सब लोग सकते में आ गए। कैसे हो गए हैं पप्पा! किसी की हिम्मत ही नहीं हुई कि ऊपर जाए। आख़िर दादी ने अम्मा को भेजा। अम्मा थोड़ी देर में ही लौट आईं, ''दरवाज़ा ही नहीं खोलते। बहुत खटखटाया तो यही कहा—चली जाओ, मुझे अभी परेशान मत करो।''

यों घरवालों के साथ रोई मैं रोज़ ही थी; पर उस दिन पहली बार मेरा मन रोया था, अपनी पूरी समझ के साथ रोया था। क्या हो गया है मेरे पप्पा को? पच्चीस दिनों बाद घर में घुसे और प्यार करना तो दूर रहा, हमारी ओर देखा तक नहीं! बार-बार मन कहने लगा—वह मेरे पप्पा नहीं हैं। वह ऐसे हो ही नहीं सकते। जेलवालों ने उन्हें बदल दिया। एक अजीब-सा भय मन में समाने लगा कि अब शायद पप्पा कभी प्यार नहीं करेंगे। और सचमुच उसके बाद मैंने कभी उनका प्यार नहीं पाया—आज तक नहीं। इस कार्ड में क्या वह एक पंक्ति भी हमारे लिए नहीं लिख सकते थे? यों मैं उनकी इस उदासीनता और तटस्थता को समझती भी हूँ। शायद वह अब किसी से मोह नहीं रखना चाहते। कहीं फिर सज़ा हो गई तो?

शाम को सब लोग ऊपर गए। दरवाज़ा तो खोला पप्पा ने; पर बात किसी से नहीं की थी। बस, तकिए में मुँह गड़ाकर पड़े रहे थे। मुझे लग रहा था, जैसे वह रो रहे हैं। पर हमें तुरन्त नीचे भेज दिया गया था। कितना-कितना ग़ुस्सा आया था उस समय! पप्पा हमारे हैं और ये सब इस तरह कर रहे हैं मानो हम कुछ हैं ही नहीं। पप्पा पर पहला हक़ मेरा है, और वह भी सारी दुनिया में मुझे ही सबसे ज़्यादा प्यार करते हैं। मैं मनाने लगी थी कि ये सब लोग जल्दी-से-जल्दी अलीगढ़ से चले जाएँ तो अच्छा हो। तभी शायद पप्पा हमसे पहले की तरह प्यार करेंगे। सबके सामने शायद उन्हें शर्म आती है। शर्म की बात तो है ही। स्कूल में मुझे क्या कम शर्म आती थी!

अपील मंजूर करवाकर मामा और चाचाजी चले भी गए। दादी और बाबा तो घर के ही हैं, पर पप्पा फिर भी नहीं उतरे। उस रात अम्मा को सोने के लिए ऊपर भेजा। वह सवेरे उठकर आईं तो बोलीं, ''माँजी, मुन्नू को आप गाँव लेती जाइए, वहाँ के स्कूल में डाल दीजिए। यहाँ तो अब उसकी फीस जुटाना भी भारी पड़ेगा। आशा का तो इस साल फाइनल है; वरना उसे भी

उमेश भैया के पास भेज देती। नीचे का घर अब खाली कर देंगे।'' फिर और पता नहीं, क्या-क्या बातें हुईं दोनों में और फिर दोनों खूब रोईं, खूब रोईं। मैं किसी को भी रोता देखती तो बिना कारण जाने ही रोने लगती। फिर उस समय तो रोने का बहुत बड़ा कारण भी था—मुन्नू चला जाएगा! कैसे रहेगा वह गाँव में? वहाँ का स्कूल भी कोई स्कूल है! यहाँ इतने अच्छे स्कूल में पढ़ा। पप्पा वैसे चाहे सारे दिन चुपचाप पड़े रहें पर इस मामले में वह कभी चुप नहीं रहेंगे।

पर पप्पा कुछ नहीं बोले। शायद अम्मा-पप्पा ने साथ बैठकर ही यह सब तय किया था। रो-धोकर मुन्नू भी चला गया। हाँ, जाते समय पप्पा ने उसे सीने से लगाकर बहुत प्यार किया था। मैं पास ही खड़ी रही थी। पप्पा की आँखों से आँसू टपक रहे थे। मेरा बड़ा मन कर रहा था कि मैं आँसू पोंछ दूँ—उनके दुःख को दूर करने के लिए नहीं, पप्पा का प्यार पाने के लिए। मुन्नू दूर जाकर भी पप्पा के कितने पास हो गया; मैं पास रहकर भी शायद हमेशा दूर ही रहूँगी! पर पप्पा छोड़ने नीचे नहीं आए। कोई स्टेशन भी नहीं गया। जाता ही कौन? अम्मा अकेली निकलती नहीं, और मैं जाती तो लौटती कैसे?

मुन्नू के जाते ही हमारा घर सूना ही नहीं हुआ, उसमें बहुत कुछ रद्दोबदल भी हो गया; और फिर मुन्नू ही क्यों, धीरे-धीरे सारा सामान भी चला गया। नीचे का मकान खाली कर दिया। पकाना, खाना और सोना बरसाती में। पास की छोटी सी कोठरी साफ़ करके मुझे पढ़ने के लिए मिली।

पप्पा अब कुछ-कुछ बोलने लगे थे; पर पहलेवाले पप्पा वह बिल्कुल नहीं रह गए थे। बस, सारे दिन चुपचाप लेटे रहते या कुछ पढ़ते रहते। कभी-कभी गोदी में तकिया रखकर कुछ लिखते भी। मेरा बड़ा मन होता था कि देखूँ, वह क्या लिखते हैं, पर कभी हिम्मत ही नहीं हुई। कितनी ही बार पढ़ा था कि दुःख में हिम्मत रखनेवाले ही सच्चे वीर होते हैं। हँसते-हँसते जो सारे दुखों को झेल जाए, वही सच्चा पुरुष है। मेरा मन होता, पप्पा को यह बात समझाऊँ। पर क्या पप्पा यह सब नहीं जानते? फिर? इस तरह मुँह छिपाकर तो वह पड़ा रहे जिसने सचमुच चोरी की हो। पप्पा को तो बाहर निकलना चाहिए, घूमना-फिरना चाहिए। इस तरह रहकर तो वह सबके बीच अपने को अपराधी ही साबित कर रहे हैं। पर उन्हें कैसे समझाती?

अपनी कोठरी में और कोई कष्ट नहीं था; पर भयंकर गर्मी के दिन और पंखा नहीं। रात तो जैसे-तैसे छत पर कट जाती; पर दोपहर में तो छत पर बने ये कमरे भट्ठी की तरह जलते थे। छुट्टियों के दिन बिताए नहीं बीत रहे थे। अपनी किसी सहेली के यहाँ जाने की इच्छा नहीं होती थी। पड़ोस तक में जाना छोड़ रखा था। दुःख में कोई साथी नहीं होता। बस, एक गाँठ बाँध रखी थी कि जब तक ये बुरे ग्रह टल नहीं जाते, तब तक सभी कुछ चुपचाप सहन करना है।

जुलाई में बाबा की चिट्ठी आई। मुन्नू को छठवें में भरती करवा दिया है और वह ख़ुश है। हम सबने भी मान लिया था कि वह ख़ुश ही होगा। ऐसा मान लेने में ही हम सबकी ख़ुशी थी। साथ ही बाबा ने यह भी लिखा था कि शाम को उन्होंने एक दुकान में हिसाब लिखने का काम शुरू कर दिया है। पच्चीस रुपए मिलेंगे, जिन्हें वह पप्पा के पास भेज देंगे। पचास रुपए उमेश चाचाजी भेजेंगे। मेरे सामने बाबा का बूढ़ा शरीर, झुकी कमर और धुन्ध-भरी आँखें घूम गईं। इस बुढ़ापे में वह अब फिर से नौकरी करेंगे? अम्मा ने बताया कि इन पचहत्तर रुपयों में ही उन्हें घर चलाना है।

तब मुझे भी पहली बार पप्पा पर ग़ुस्सा आया कि क्यों उन्होंने सस्पेंशन के दौरान मिलनेवाली आधी तनख्वाह लेने से इनकार कर दिया? कितना समझाया था कान्त मामा ने...चाचाजी तो एक तरह से नाराज़ ही हो गए थे पर पप्पा की एक ही ज़िद—जब तक मैं इस आरोप से मुक्त नहीं हो जाता, ऑफ़िस से एक पैसा भी नहीं लूँगा।

मैंने स्कूल की बस छोड़ दी। तीन मील पैदल ही जाती थी। धूप हो या बारिश, चेहरे पर शिकन नहीं लाती थी। कभी-कभी सोचती, पप्पा को सस्पेंड हुए दो साल तीन महीने हुए, इतने दिनों में आख़िर कितना खर्च हुआ कि बैंक का सारा रुपया निकल गया, अम्मा के सारे गहने बिक गए...और भी पता नहीं क्या-क्या चला गया! वकील लोग शायद बहुत लुटेरे होते हैं। कभी सोचती, इससे तो पप्पा सचमुच ही ऑफिस का रुपया मार लेते तो अच्छा होता। कम-से-कम मुन्नू को तो अपने पास रख सकते, और एक पंखा भी रख लेते। इस उम्र में तो चमड़ी जैसे उबली जाती है। ईमानदारी करके ही कौन बड़ा सुख मिल रहा है!

अम्मा को पता नहीं क्या हो गया था कि भीतर-ही-भीतर सूखती जा रही थीं। कहाँ तो कुछ नहीं करती थीं और कहाँ अब सारा काम हाथ से करने

लगीं। पप्पा भी उनकी मदद करते थे, उस समय मुझे बड़ा अच्छा लगता था। उन दिनों अम्मा बहुत चिड़चिड़ी हो गई थीं। एक दिन उन्होंने मुझे ज़रा-सी बात पर पीट दिया। अपनी याद में पहली बार मार खाई थी और वह भी इस उम्र में। शरीर से ज़्यादा मन आहत हुआ। चोट से ज़्यादा इस बात का दुःख था कि पप्पा बैठे देखते रहे, पर कुछ नहीं कहा। न अम्मा को मना किया, न मुझे ही प्यार किया।

अपनी कोठरी में बैठकर मैं घंटों रोई थी। हे भगवान्, सब दुःख दो; पर मेरे पप्पा को पहले जैसा कर दो। वह पहले की ही तरह काम करेंगे तो मैं सब कुछ सह लूँगी।

सुनवाई की पहली तारीख ही छह महीने बाद की पड़ी थी। कान्त मामा ने कोशिश तो बहुत की थी कि जल्दी-जल्दी सारी सुनवाई हो जाए और फैसला हो जाए; पर क़ानून कान्त मामा की इच्छा से नहीं, अपनी रफ़्तार से चलता है। वकीलों का सारा खर्च मामा ही कर रहे हैं, जरूर मामी से छिपाकर कर रहे होंगे; वरना वह तो एक पैसा भी खर्च न करने दें।

पहली सुनवाई बहुत अच्छी हुई थी। सर्दी में ठिठुरते हुए जब हमने यह ख़बर सुनी थी तो गर्मी की एक लहर ऊपर से नीचे तक दौड़ गई थी।

घर की हालत बद से बदतर होती जा रही थी, ख़ासकर अम्मा की। मुझे तभी लगता था कि कोई ऐसी बीमारी इन्हें लग गई है जो भीतर-ही-भीतर खाए जा रही है। हाइजिन में रोग और उनके लक्षण पढ़ रखे थे और मुझे अम्मा के सारे लक्षण राजयक्ष्मा के-से लगते थे। सर्दी में वह जो ठंड खा गईं तो चार महीने तक खाँसती ही रहीं।

बाबा की चिट्ठी आई, "हिम्मत रखना बेटा, बुरे दिन आते हैं तो सब तरफ़ से आते हैं। पर ये दिन फिरेंगे जरूर। भगवान् के घर देर हो सकती है, अन्धेर नहीं।"

दूसरी सुनवाई अप्रैल में हुई। तारीखें जल्दी मिलती ही नहीं थीं। पप्पा को छूटे साल हो गया था और अभी भी दो सुनवाई और बाक़ी थीं। इतने-इतने दिनों बाद ही यदि सुनवाई हुई तो एक साल और लग जाएगा। मेरा मन काँप-काँप जाता था। लगता था, अब ऐसे दिन नहीं काटे जाते—मुन्नू गाँव में, पप्पा बरसाती में, मैं कोठरी में और अम्मा खाट पर।

कैसे मैंने मैट्रिक का इम्तहान दिया था, मैं ही जानती हूँ। फिर भी सेकेंड डिवीजन में पास हो गई। कोई ख़ुशी मनानेवाला नहीं था। सबके मन ऐसे

मर चुके थे कि न किसी बात की ख़ुशी होती थी, न रंज।

जुलाई में नई समस्या आई। गाँव में तो केवल मिडिल स्कूल ही था। मुन्नू का अब क्या हो? मेरा अब क्या हो? यहाँ कॉलेज में जाने का तो प्रश्न ही नहीं उठता था। मैं जानती थी कि बच्चों को पढ़ाना तो दूर, पचहत्तर रुपए में साथ रखकर खिलाना भी मुश्किल था। बाबा ने मुन्नू को सीधे उमेश चाचा के पास भेज दिया और ख़बर कर दी। यहाँ की स्थिति वह जानते थे। पप्पा वह पत्र पढ़कर सिहर उठे, अम्मा बहुत रोईं, ''मैं छोरे को बे-पढ़ा ही रख लेती, वहाँ क्यों भेज दिया? एक बार उसे मुझसे मिला तो देते। लीला का स्वभाव कौन नहीं जानता? मेरा बच्चा सहम-सहमकर मर जाएगा।'' दो दिनों तक वह रोती रहीं। पप्पा अपराधी की तरह चुप बैठे रहते। अम्मा क्यों रोती हैं इस तरह? पप्पा यदि कुछ कर सकते हैं तो क्यों नहीं करते? दो दिनों बाद वह बोलीं, ''मैं सोचती हूँ, आशा को भी वहीं भेज दो। वहीं कॉलेज में भरती हो जाएगी।'' मैं समझ ही नहीं पाई कि अम्मा व्यंग्य कर रही हैं या...पर अगले वाक्य ने ही सारी बात साफ़ कर दी, ''लीला का स्वभाव तो तुम जानते ही हो। आशा मुन्नू के पास रहेगी तो उसे तसल्ली तो रहेगी। सोने को एक गोद तो रहेगी।'' और अम्मा खुद फूट-फूटकर रोने लगी थीं। ''उमेश भैया को लिख देना, जो भी वह खर्च करें, हम पर कर्ज ही समझें। मैं उनकी पाई-पाई चुका दूँगी। भगवान् कभी हमारे दिन भी बदलेगा ही, नहीं तो अपने को बेचकर उनका क़र्ज़ अदा करूँगी। पर मेरे बच्चों पर थोड़ा रहम करें। ये दुखियारे यों ही अनाथ हो रहे हैं, थोड़ा प्यार इन्हें भी दें; थोड़ा लीला को भी समझा दें।''

कान्त मामा अपने किसी काम से दिल्ली आए थे। लौटते समय अलीगढ़ भी उतरे। अम्मा ने उन्हीं के साथ मुझे इलाहाबाद भेज दिया था। कान्त मामा ने एक बार कहा जरूर था, ''कलकत्ता भेज दो, वहाँ पढ़ लेगी।'' पर क्या मैं पढ़ने जा रही थी? पढ़ना तो बस यों ही था। मुझे तो मुन्नू को तसल्ली देनी थी। वह रोए तो उसे अपनी गोदी में सुलाना था। और उस दिन मैं सचमुच बड़ी हो गई थी—अम्मा की तरह बड़ी। पर घर छोड़ते समय सारे बड़प्पन के बावजूद फूट पड़ी थी। अम्मा की हालत देखकर घर का अधिक काम मैंने सँभाल रखा था। अब क्या होगा? इस हालत में अम्मा कैसे सब काम करेंगी? रोज़-रोज़ के बुख़ार ने उन्हें हड्डियों की ठठरी बना दिया था। पर अम्मा को तसल्ली देनेवाले पप्पा हैं, रोने के लिए पप्पा की गोदी है।

मुन्नू तो वहाँ अकेला है। अभी मेरी सबसे ज़्यादा ज़रूरत मुन्नू को ही है।

रास्ते में कान्त मामा ने मुझसे पूछा था, ''शारदा को रोज़ बुख़ार रहता है। किसी डॉक्टर को दिखाया या नहीं?''

''नहीं।'' और मुझे रोना आ गया।

''रोते नहीं, बेटे, अब बहुत जल्दी ही सब ठीक हो जाएगा।''

''पप्पा ने तो कई बार कहा था कि दिखा दो; पर अम्मा मानती ही नहीं। कहती हैं—डॉक्टर झूठमूठ का वहम डाल देते हैं।''

मामा चुप हो गए थे। मामा क्या समझते नहीं—अम्मा इसलिए नहीं दिखाती हैं कि डॉक्टर और दवाई का खर्च कहाँ से आएगा? वे लोग तो टॉनिक और दूध-फल बता देंगे, आराम करने और ख़ुश रहने को कह देंगे। बोलो, यह सब हो सकेगा पचहत्तर रुपए में? मुझसे पूछो, इन दिनों में मैंने हिसाब चलाया है। एक-एक चीज़ गिना सकती थी। पर उनसे क्या कहती? वकीलों का सारा खर्च तो वह कर ही रहे हैं; और वकीलों पर कितना खर्च होता है, क्या मैं जानती नहीं?

मुन्नू मुझे देखते ही चिपट पड़ा था और रो दिया था। मुझे भी रोना आ गया था। चाची ने कुछ कहा जरूर था; पर अपने ही रोने में हमने सुना नहीं। मुन्नू को गले लगाकर मुझे कैसा लग रहा था, मैं नहीं बता सकती। इतना जरूर लगा कि उसे सचमुच किसी गोदी की जरूरत थी—किसी सहारे की। मैं चाची से बातें कर रही थी। उन्हें मेरा आना अच्छा नहीं लगा था, यह साफ़ था; पर मैं ही कौन अपनी इच्छा से आई हूँ। मुन्नू का रंग काफ़ी साँवला पड़ गया था। चेहरा सूखकर मुरझा गया था और आँखें बड़ी सहमी-सहमी सी लग रही थीं। लगा, बहुत डरकर-दबकर रहता है शायद यहाँ। घर में तो कितना ऊधम करता था! इतना सा बच्चा, कैसे उसने अपने को बदला होगा, दबाया होगा? देखा, उसका काम था साल-भर के बिट्टू को खिलाना। सारे दिन वह उसे गोदी में टाँगे-टाँगे फिरता। कब तो वह पढ़ता होगा, कब वह होमवर्क करता होगा!

रात को जब वह सोने मेरे पास आया तो धीरे से बोला, ''दीदी, कल मुझे बुढ़िया के बाल खिलाना। टिल्लू और पम्मी रोज़ खाते हैं, चाची उन्हें पैसे देती हैं और कहती हैं, छिपकर खा लिया करो। पर वे सामने ही खाते हैं। एक दिन टिल्लू मुझे चिढ़ाकर खा रहा था, मैंने उसके बाल छीन लिए। उसने चाची से शिकायत कर दी। चाची ने मुझे बहुत मारा। चाची बहुत ज़ोर

से मारती हैं।'' और वह फिर सिसकने लगा। मैंने उसे प्यार किया और कहा, ''मैं अपने भैया को बाल खिलाऊँगी।'' पर मेरा मन भीतर तक सिसक पड़ा। हम बड़े हैं, हम सब समझते हैं और सह भी सकते हैं; पर यह बेचारा कैसे समझे? समझ तो गया ही होगा; पर सहे कैसे?

पहली रात को ही मैंने संकल्प किया—मैं कॉलेज नहीं जाऊँगी। घर का सारा काम मैं करूँगी जिससे चाची को पूरा आराम मिले और उनका ग़ुस्सा ठंडा रहे। चाची कुछ भी कहेंगी तो चूँ तक नहीं करूँगी। वह प्रसन्न रहेंगी तो मुन्नू सुरक्षित रहेगा। मुन्नू को रात में बैठकर पढ़ाया करूँगी।

मैं चाची से भी जल्दी उठकर सबके लिए चाय बना देती। फिर जल्दी से टिल्लू और पम्मी को तैयार कर देती, तब नाश्ता देकर तीनों बच्चों को स्कूल भेज देती। नाश्ते की प्लेट देखने चाची जरूर आतीं। शायद उन्हें यह वहम रहता था कि मैं मुन्नू को कुछ ज़्यादा या अच्छा न खिला दूँ। चाचाजी तारीफ करते, ''तुम तो बड़ी होशियार हो आशा, इतना काम कर लेती हो।'' चाची तुरन्त कहतीं, ''मैं जब इतनी बड़ी थी तो बारह जनों के कुनबे को सँभालती थी। आध-आध मन के पापड़-मँगोड़ी करती थी।'' चुप रहती थी मैं तो। दोनों समय का खाना भी मैंने अपने ही जिम्मे कर रखा था।

रात में सोने जाती तो पैर मेरे झपकते रहते थे। कभी-कभी मुन्नू को अपने पैरों पर खड़ा कर लेती थी। उससे पैरों को तो आराम मिल जाता था, पर मन? अम्मा कभी-कभी गाँव में काम करवाती थीं तो पप्पा डाँटते थे, 'मैं अपनी आशा को डॉक्टर बनाऊँगा, विदेश भेजूँगा, यह भटियार-खाना करवाकर क्या मुझे अपनी बिटिया की ज़िन्दगी ख़राब करनी है?' यही वाक्य हवाओं में तैरता कमरे में घूमता रहता, गूँजता रहता। धीरे-धीरे आदत पड़ गई तो पैरों का दर्द बन्द हो गया और मन भी सुन्न होता चला गया।

मैंने अम्मा को नहीं लिखा कि मैं कॉलेज में भरती नहीं हुई हूँ। लिखने के लिए चाचीजी ने मुझे चार पोस्टकार्ड दिए थे और बताया था कि हर महीने चार कार्ड मिलेंगे। उनमें मैं अपने कुशल-समाचार भेज देती थी, बस।

रात-दिन काम कर-करके मैं चाची के क्रोध को सँभाले रहती। आराम पाकर मुझ पर वह कुछ-कुछ प्रसन्न भी हो गई थीं; पर उनका हाथ जब-तब उठ जाया करता था—अपने बच्चों पर भी, मुन्नू पर भी। उनके बच्चे आदी थे, सो मार खाकर भी हँसते और भाग जाते। फिर वे मार खाते थे तो प्यार भी पाते थे। पर मुन्नू सहम जाता था। भीतर-ही-भीतर सिसकता। बड़ी

करुण नज़रों से वह मुझे देखता। पर भीतर से कटकर भी मैं ऐसे अवसरों पर कुछ नहीं बोलती। सोचती, यों मार खा-खाकर मुन्नू या तो बेहद ढीठ हो जाएगा या जड़। पप्पा और अम्मा तो कभी हाथ भी नहीं लगाते थे हमारे। अकेले में मैं उसे प्यार कर लेती। समझाती, "थोड़े दिनों की बात और है भैया, फिर हम अपने घर चलेंगे, अम्मा और पप्पा के पास, बस।" पता नहीं, वह समझता भी था या नहीं। पर मेरा मन सबसे ज़्यादा दुखी होता जब चाची ग़ुस्से में कहतीं, "ऑफ़िस के बीस हज़ार ग़ायब करके गाड़ दिए और हमारा ख़ून चूस रहे हैं! ये हमारे बड़े हैं! लानत है ऐसे बड़प्पन पर!" मैं सोचती, क्या सचमुच चाचाजी यही सोचते हैं कि पप्पा ने रुपए मारे हैं? यदि आज उनके पास पैसा होता तो क्या हमें यों छोड़ देते? और अपने सारे पिछले दिन आँखों के आगे घूम जाते। कितना प्यार करते थे पप्पा...कितना! मैं चाहे कुछ भी लिखूँ; पर क्या वह जानते नहीं कि हम पर यहाँ क्या गुजर रही है?

31 तारीख को चाचाजी ने चाची के हाथ में तनख़्वाह रखी तो चाची ने कहा, "अब भाई साहब को लिख दो कि पचास रुपए नहीं भेज सकेंगे। इस महँगाई के ज़माने में दो पालना ही बहुत भारी पड़ रहा है, फिर हमारे भी तो बच्चे हैं। कौन यहाँ खान गड़ी है!" बात ठीक थी, पर मेरा मन काँप गया। चाचाजी रुपए नहीं भेजेंगे तो क्या होगा? पच्चीस रुपए महीने में क्या होगा? इतना तो कमरे का किराया ही चला जाता है।

रोती हुई अम्मा और बिसूरते हुए पप्पा मुझे सारी रात दिखाई दिए। मैं भी उनके साथ बहुत रोई।

अम्मा का कोई पत्र ही नहीं आया बहुत दिनों तक। उठते-बैठते एक ही चिन्ता थी मुझे—अम्मा ने पैसे की क्या व्यवस्था की होगी? कान्त मामा का भी कोई पत्र नहीं आया। पता नहीं, क्या हाल है उधर का?

पूरा अगस्त बीत गया। मैं अपने चारों कार्ड डाल चुकी; पर कोई जवाब नहीं आया। क्या हो गया है अम्मा को, लिखती क्यों नहीं? सितम्बर में कान्त मामा का पत्र आया, "शारदा की तबीयत ख़राब थी, सो उसे यहाँ ले आया। यहाँ उसका इलाज चल रहा है। दिनेशजी ने कमरा बदल लिया है, उनका पता...है। क़िस्मत के अलावा क्या कहूँ कि तारीख जल्दी नहीं मिलती। तीसरी तारीख इसी महीने के आख़िर में पड़ी है। सुनवाई पर जाऊँगा। तुम घबराना मत। भगवान सब ठीक करेंगे। गर्मियों तक कुछ-न-कुछ अवश्य हो जाएगा।"

तो पप्पा अकेले रह गए? अम्मा और पप्पा की गोद भी छिन गई जिसमें वे रो सकते थे। पप्पा का यह पता? अलीगढ़ की गली-गली मुझे मालूम थी? यह तो मजदूरों की बस्ती है। अँधेरी सीलन-भरी गलियाँ...पास में बहते नाले। पप्पा का खाना कौन बनाता होगा? उन्होंने तो कभी ऐसे काम नहीं किए। कभी अँगीठी भी जलाते तो अम्मा मना कर देती थीं। तब वह यही कह देते, "शारदा, कौन जाने कि इस बार छूट ही जाऊँगा। सजा हो गई तो पता नहीं क्या-क्या करना पड़ेगा..."

अम्मा बीच में ही डाँट देतीं, "ऐसी बात भी क्यों मुँह से निकालते हो? भगवान के घर देर हो सकती है, अँधेर नहीं।" यह वाक्य अम्मा ने बाबा से सीखा था और मंत्र की तरह गाँठ बाँध ली थी।

और मैं भगवान से यही मनाया करती कि हे भगवान, उन्हें सज़ा न हो। पप्पा की तपस्या का फल उन्हें मिले। जो कुछ वह सह रहे हैं, वह क्या तपस्या से कम है? सीलन-भरी अँधेरी कोठरी में सबसे मुँह छिपाकर रहना, बच्चे कहीं, पत्नी कहीं, अब तो रहम करना। अब उन्हें सज़ा मत देना!

मार्च में चौथी सुनवाई भी हो गई। कान्त मामा की चिट्ठी आई कि फ़ैसला पक्ष में ही होगा। केस की पैरवी बहुत अच्छे ढंग से हुई है। बस, फ़ैसले की तारीख पड़ जाए जल्दी से।

मैं बैठी-बैठी दिन गिनती। पप्पा को सस्पेंड हुए चार साल हो गए। इन चार सालों में क्या कुछ नहीं हुआ! भगवान, देर तो बहुत की, अब अँधेर मत करना! यों यह देर भी अँधेर से कम नहीं, पर और अँधेर मत करना!

मुन्नू और टिल्लू अपना-अपना रिजल्ट लेकर आए। टिल्लू सब विषयों में पास था और मुन्नू एक विषय में फेल होकर प्रमोट हुआ था। चाचाजी ने टिल्लू को प्यार किया, मुन्नू पास खड़ा आँसू-भरी आँखों से टुकुर-टुकुर ताकता रहा। चाची ने कहा, "फेल हो गया न? पढ़ने-लिखने में मन लगाओ मुन्नू साहब, तब टिल्लू की तरह पास होओगे। सारे दिन बैठे-बैठे टसुए बहाने से पास नहीं हुआ जाता।" आँख के आँसू गालों पर ढुलक गए। कमीज़ की बाँह से उन्हें पोंछता हुआ वह भीतर जाने लगा तो टिल्लू चिढ़ाने लगा, "फेलूराम... फेलूराम!" उस दिन पहली बार मेरे लिए अपने पर बस रखना बहुत कठिन हो गया था। मन हुआ, कह दूँ—"उसे पढ़ने के लिए समय ही कहाँ मिलता है? सारे दिन तो बिट्टू को खिलाता है। पच्चीस चक्कर बाज़ार के करता है।" पर चुप!

जाते-जाते मुन्नू ने एक बार चिढ़ाते हुए टिल्लू को जरूर जलती आँखों से देखा था। लगा, उठाकर एक हाथ मार देगा; पर न वह लौटा, न कुछ बोला ही। कैसे हो गया है मुन्नू इतना सहनशील? चुपचाप सहने का उपदेश उसे मैं ही दिया करती थी। पर अब वह यों सह जाता है तो सबसे ज़्यादा कष्ट मुझे ही होता है। पर कोई उपाय भी तो नहीं था।

मुन्नू की छुट्टियाँ हो गईं। सोचती थी कि शायद कान्त मामा या अम्मा का कोई पत्र आएगा कि तुम लोग आ जाओ, पर किसी ने कुछ नहीं लिखा। पप्पा तो कभी कुछ लिखते ही नहीं, अम्मा कभी-कभी दो लाइनें लिख देतीं, "मैं धीरे-धीरे ठीक हो रही हूँ, तुम चिन्ता मत करना। लीला को आशीर्वाद, बच्चों को प्यार। चाची की मदद करना, तंग मत करना।" मुझे हर बार लगता था, कितनी झूठी चिट्ठी लिखती हैं अम्मा!

पर धीरज की अवधि खिंचते-खिंचते एक साल तक पहुँच गई। पिछले मार्च में सुनवाई हुई थी और अब इस साल का अप्रैल है।

अब तो मुझे लगने लगा था कि जैसे जिन्दगी-भर हमें इसी तरह रहना है, बस, इसी तरह। अब मैं कभी कॉलेज में पढ़ने नहीं जाऊँगी। मुन्नू हर साल एक विषय में फेल होकर जैसे-तैसे प्रमोट हुआ करेगा। अम्मा शायद हमेशा बीमार रहकर मामा के यहाँ इलाज ही करवाती रहेंगी। पप्पा वैसे ही सीलन-भरी बदबूदार कोठरी में अपना खाना आप पकाया करेंगे...।

और तभी आज पप्पा की यह चिट्ठी आई—उनके हाथ की लिखी पहली चिट्ठी। मैंने हज़ार बार उसे देखा, पढ़ा, छुआ, जैसे उस कार्ड को छूकर पप्पा की हालत का ज्ञान हो जाएगा।

पप्पा ने हमें बुलाया नहीं। कहने से चाचाजी ले जाएँगे? पर इस बार जाएँगे जरूर, चाहे कुछ भी हो जाए। कान्त मामा को लिखूँ, वे लेते जाएँगे?

कल सवेरे दस बजे फ़ैसला है। हम दोनों कान्त मामा के साथ आ गए। धर्मशाला में छोड़कर मामा, पप्पा को लेने चले गए। पूरी उम्मीद थी कि इस बार अम्मा जरूर आएँगी; पर वह नहीं आईं। मामा ने इतना ही कहा, "उसकी हालत लाने जैसी नहीं थी...। फ़ैसला हो जाए तो तुम लोग वहीं चलना।" पता नहीं, अम्मा किस हालत में हैं! मन बार-बार काँप उठता है। मामा कुछ छिपा रहे हैं। मैंने भी अम्मा से कितना कुछ छिपा रखा है! आज कौन किसके बारे में सही बात जानता है? दूसरे को हलका रखने के लिए सब अपने-अपने दुःख से ही भारी हो रहे हैं।

पप्पा आए तो मैं और मुन्नू उनसे लिपट गए हैं। पप्पा! शायद पप्पा को भी हम लोग ऐसे ही लग रहे होंगे। कितने-कितने आँसू बह गए हम तीनों के! कान्त मामा भी रो पड़े।

शाम को दादी-बाबा भी आ गए। रात में मुन्नू दादी से पूछ रहा था, "दादी, अब तो हम पप्पा के पास ही रहेंगे न? तुम इतनी पूजा करती हो, अपने भगवान से कहो कि हमारे पप्पा को छोड़ दें।"

"हाँ, बेटा, अब तू पप्पा के पास ही रहेगा। रात-दिन भगवान से यही तो कहती हूँ।"

"चाची के पास तो मैं अब कभी नहीं जाऊँगा। टिल्लू अपने को समझता क्या है? मैं अपने पप्पा के पास रहूँ और फिर आ जाए! हरेक चीज़ में पछाड़ सकता हूँ—पढ़ने में भी कुश्ती में भी। पहले फर्स्ट भी आया हूँ एक बार क्लास में...क्यों दीदी, आया था न?"

मेरी आँखें भीग आईं। कितने दिनों बाद मुन्नू को उसके असली रूप में देख रही हूँ! टिल्लू ने उसे चिढ़ाया था तो इसने कुछ नहीं कहा था, चुपचाप भीतर बैठकर रोया था। शायद जानता था कि टिल्लू को कुछ भी कहने का अर्थ है चाची की मार। पर मुझे कितना बुरा लगा था उस दिन! कहाँ चली गई मुन्नू की बाल-सुलभ ईर्ष्या और प्रतिस्पर्द्धा की भावना? क्या इतनी सी उम्र में हम लोग सब कुछ सहने के लिए ही बने हैं?

मुन्नू दादी की खाट पर ही सो गया। मुझे बिल्कुल भी नींद नहीं आई। कल फ़ैसला है—हम सबकी क़िस्मत का फ़ैसला। कान्त मामा बहुत आश्वस्त हैं; पर पप्पा के चेहरे पर तो कोई भाव ही नहीं!

फ़ैसला हो गया। मैं भी कचहरी गई थी। इस बार किसी ने रोका भी नहीं। वहाँ ख़ास भीड़ नहीं थी। पप्पा में भला घरवालों के सिवा किसे दिलचस्पी हो सकती थी? पप्पा कठघरे में खड़े थे, हम कुर्सियों पर बैठे जज साहब के आने की प्रतीक्षा कर रहे थे। जज साहब आए तो बाबा ने आँखें मूँद लीं। अम्मा का सिर नीचा था। वह जरूर मन-ही-मन प्रार्थना कर रही होंगी। मैं मुन्नू का हाथ कसकर दबाए बैठी थी और मुझे लग रहा था कि अब और देरी होगी तो मेरी साँस भी घुट जाएगी।

क़ानूनी भाषा में जज साहब ने क्या-क्या कहा, मुझे कुछ समझ में नहीं आया; पर आख़िरी वाक्य समझ में आ गया, "मुज़रिम को रिहा किया जाता

है...।'' मैं मुन्नू का हाथ हवा में उछालकर एक तरह से चीख़ ही पड़ी, ''मुन्नू, पापा रिहा हो गए...रिहा हो गए!'' पर एकाएक ही दादी और बाबा फूट-फूटकर रो पड़े। मैं भय से काँप उठी, कहीं मैंने ग़लत तो नहीं सुन लिया! पिछली बार भी तो ये लोग इसी प्रकार रोते-रोते घर में घुसे थे। पर बाबा का यह वाक्य, ''मैं कहता न था बेटे, भगवान के घर में देर है, अन्धेर नहीं, देख...!''

पर पप्पा को क्या हुआ है? वह ख़ुश क्यों नहीं हो रहे? उनका भावहीन चेहरा, गड्ढे में धँसी हुई निस्तेज, निर्जीव आँखों में से ख़ुशी की चमक क्यों नहीं आ रही? वह ऐसी पथराई आँखों से बाबा को देख रहे हैं मानो उन्हें बाबा की बात ही समझ में नहीं आ रही हो।

मैं दौड़कर पप्पा से चिपट गई, ''पप्पा, आप बरी हो गए! सुनते हैं, आपको सज़ा नहीं हुई...सज़ा नहीं हुई है आपको!'' पर पप्पा फिर भी वैसे ही रहे, मानो उन्हें विश्वास ही नहीं हो रहा है कि उन्हें सज़ा नहीं हुई है।

तीसरा हिस्सा

शेरा बाबू हवा में मुट्ठियाँ उछाल-उछालकर भन्नाते हुए कमरे में इधर से उधर घूम रहे हैं, ''नहीं, अब और नहीं चलेगा। बहुत बर्दाश्त कर लिया मैंने। इन लोगों ने समझ क्या रखा है...''

वास्तव में इनका नाम शेरा बाबू नहीं। 1962 में चुनाव के दौरान इन्होंने एक पाक्षिक पत्रिका निकाली थी। बहुत बड़ा रिस्क लिया था। लगी-लगाई नौकरी छोड़ दी। पत्रिका के लिए जमा पूँजी थी—पी.एफ. का थोड़ा-सा पैसा और मित्रों के बड़े-बड़े आश्वासन। पत्रिका क्या थी, एकदम आग का गोला! ऐसे बेलाग और दहाड़ते हुए सम्पादकीय लिखे कि दोस्तों और पाठकों ने पीठ थपथपाकर दाद दी—'वाह रे शेर!' और बस, तब से ही वे शेरा बाबू हो गए।

पर पैसे के अभाव में शेरा बाबू की सारी गर्जना-तर्जना और दहाड़ भी पत्रिका को बारह अंकों से ज्यादा ज़िन्दा नहीं रख पाई। बन्द हो गई। परिणाम—ढेर सा कर्ज़।

मित्रों का द्वेष।

पूरे अस्तित्व के टुकड़े-टुकड़े! बीवी की जीभ में छुरी-कैंचियों की पैदाइश बोलती है तो शेरा बाबू को लहूलुहान करके छोड़ती है।

'ग्यारह बज रहे हैं, अभी तक साहबजादे का पता नहीं है। आने दो, आज साफ-साफ ही कहूँगा। घर को तो होटल समझ रखा है नालायक ने। सवेरे जो कुछ मिला, पेट में ठूँसा और निकल गए मटरगस्ती को। सारे दिन आवारागर्दी करना, रात को देर-सवेर जब भी मन हुआ आ गए टाँग फैलाकर सोने के लिए...और वे माँ हैं, नौ बजे से ही भैंस पसरी पड़ी हैं। उन्हें चिन्ता ही नहीं कि सपूत साहब कहाँ कबड्डी खेल रहे हैं।'

ग़ुस्सा शेरा बाबू के मन में लावे की तरह खौल रहा है। ठीक है, सारी कोशिशों के बावजूद पत्रिका वे फिर से नहीं निकाल पा रहे हैं, पर इसका यह मतलब तो नहीं कि शेरा बाबू के लेबिल के नीचे एकदम गीदड़ी ज़िन्दगी जिएँ। कोई गिनता ही नहीं, उनको घर में, जैसे वे मिट्टी का लौंदा हों!

घूम-घूमकर उन्होंने उन सारे वाक्यों को कई बार दोहरा लिया जिनकी बौछार करके आज वे अपने बेटे को पस्त करेंगे। एक बार तो उन्होंने जोर से बोल-बोलकर भी देख लिया। नहीं, आवाज़ में कड़क है। आख़िर जाएगी कहाँ? इस आवाज़ के सामने न उसकी टाँगें थरथरा जाएँ तो! और क्षणांश को उनकी आँखों के आगे वह दृश्य कौंध गया जब भरी सभा में उन्होंने नेहरू सरकार की छज्जियाँ बिखेर कर रख दी थीं। क्या बुलंदी थी आवाज़ में! अपने को ही भाषण देते देखकर एक हल्की-सी मुग्ध मुस्कान उनके होंठों पर थिरक गई।

कितना लम्बा अर्सा बीत गया। पूरे पन्द्रह साल। उसके बाद से तो बस—ग़ुस्सा, नफ़रत, हिकारत, धिक्कार सब कुछ मन में ही खदबदाता रहता है।

दरवाज़े पर साइकिल की खड़खड़ाहट सुनकर वे चौकस हुए। "आ गया लगता है।" वे तनकर दरवाज़े पर आ खड़े हुए। उनकी मुद्रा देखकर ही वह अपने को सँभाल ले और थोड़ा सहम जाए तो अच्छा है।

पर अँधेरे की वजह से या तो लड़के ने उन्हें देखा ही नहीं या फिर देखने के बाद भी उनके हाव-भाव और तेवर का उस पर कोई असर नहीं हुआ। निहायत लापरवाही से उसने स्टैंड नीचे गिराया और साइकिल खड़ी करके सीटी बजाते हुए...

"सुधीर!" अपने हिसाब से उन्होंने आवाज़ को काफ़ी कड़क बनाकर ही कहा, पर उधर से मौन।

"जानते हो कितने बजे हैं?"

"ग्याऽरहऽ!" झिझक और संकोच का लेश नहीं। एक-एक अक्षर पर ज़ोर और आवाज़ में शेरा बाबू से भी कहीं ज़्यादा कड़क।

हो गई शेरा बाबू की तो ऐसी की तैसी। इतनी बार की दोहराई बातें भीतर ही भीतर गड्ड-मड्ड होने लगीं और जीभ तो जैसे लटपटाने लगी। फिर भी उन्होंने अपने को समेटा और पूरी हिम्मत के साथ प्रश्न दागा :

"यह टाइम है घर लौटने का?"

"टाइम! अरे घर लौटने के टाइम का नियम तो एमरजेंसी के दौरान भी नहीं बना था। जाइए, जाकर सो रहिए।" और सारी बात से बेअसर वह कमरे में दाख़िल हो गया।

लड़के के पैर तो नहीं थरथराए पर ग़ुस्से और आवेश से शेरा बाबू के पैर लड़खड़ाने लगे।

'नालायक...बद्तमीज...हरामी...' एक के बाद एक गालियाँ उभरने लगीं, पर मन में आवाज़ तो जैसे कुंद हो गई।

'मैं इस स्साले का बाप हूँ। लानत है मुझ पर।'

और उनके सामने अपने बाप की तस्वीर घूम गई। लम्बा-चौड़ा कद्दावर जिस्म। ऐंठी हुई मूँछें। जब बोलते थे तो आदमी तो क्या, घर की दीवारें भी थरथराने लगती थीं। मज़ाल है जो उलटकर कोई जवाब दे। उनके मुँह से निकली हुई बात, अन्तिम बात। न उसके इधर कुछ हो सकता है, न उधर। घर का नियम ही बन गया था, शाम को जैसे ही वे घर आते तो सबकी ज़बानें अपने-आप कटकर उनकी जेब के हवाले हो जातीं। बस, अब केवल सुनो। सवेरे काम पर जाते तो सबकी ज़बानें वापस लगा दी जातीं। अब कुछ देर बोल लो। कई बार बड़ी घुटन होती थी। हुआ करे—पर एक शब्द तक बोलने की जुर्रत नहीं कर सकता था कोई।

एक स्साला मैं हूँ। बाप होकर भी आप कुछ कह नहीं सकते। एक कहिए, दस सुनिए।

बस, खुलकर कहने का मौक़ा तो उन्हें तब मिला था, जब उन्होंने पत्रिका निकाली थी। जहाँ कुछ अनुचित देखा, ग़लत सुना, छज्जियाँ बिखेरकर रख दीं। न किसी का डर, न खौफ़।

पत्रिका का ख़याल आते ही वे घर की चहारदीवारी से मुक्त होकर जैसे आसमान में तैरने लगे—व्यापक, विस्तृत। छी, कितनी छोटी बात पर वे दुखी हो रहे हैं! बात अकेले सुधीर की तो नहीं है। आज हर तीसरे घर में एक सुधीर मौजूद है—निष्क्रिय, आवारा और भटका हुआ। कितनी बड़ी समस्या है और वे सुधीर को लेकर बिलबिला रहे हैं। एकाएक दिमाग़ में कौंधा—कितना मौजूँ विषय है! मौजूँ और महत्त्वपूर्ण! एक पूरा विशेषांक निकाला जा सकता है। और देखते ही देखते उनकी आँखों के सामने बड़े-बड़े अक्षरों में लिखा—'दिग्भ्रमित युवा-पीढ़ी' कौंध गया।

बेटे के व्यवहार से निर्जीव हो आए शरीर में दिपदिपाते इस शीर्षक ने बिजली की-सी फुर्ती भर दी। लपककर उठे और अपनी अलमारी खोली। पत्रिका के बारह अंकों को जिल्द में बँधवाकर कोई बीस प्रतियाँ उन्होंने बड़े करीने से सजा रखी हैं। एक क्षण वे उन्हें देखते रहे। फिर बड़ी ममता से उन पर हाथ फेरा, सहलाया। इस स्पर्श से ही थोड़ी देर पहले के सारे तनाव ढीले हो गए। एक नया आत्मविश्वास जागा।

नीचे के खाने से एक मोटी-सी फाइल निकालकर कुर्सी पर आ गए।

एक पाक्षिक पत्रिका निकालने की पूरी योजना मय-बजट के नत्थी की हुई है। कितनी मेहनत से यह योजना उन्होंने तैयार की है। दस साल पहले बजट पैंतालीस हजार था, आज एक लाख हो गया। उसके बाद टाइप की हुई एक लम्बी सूची है उन सब नामों की, जिन्होंने कभी आश्वासन दिया था कि पत्रिका निकालने पर वे विज्ञापन देंगे। फिर कुछ विशेषांकों की विस्तृत योजना।

बड़ी अजीबो-गरीब स्थितियों में इन विशेषांकों की योजना शेरा बाबू के दिमाग़ में आई थी। योजना कभी भी बनाई हो, कैसी भी स्थिति में बनाई हो, पर ये विषय कभी पुराने नहीं पड़ेंगे। पहला विशेषांक था :

'देश का नया जन्म! भ्रष्ट नौकरशाही का अन्त!' बड़े-बड़े अक्षरों में लिखा था।

मन में फिर कुछ रड़कने लगा। तीन साल हो गए पर आज भी सारी बात इस तरह मन में खुदी हुई है जैसे कल ही घटी हो। कितना अपमान किया था उस दिन स्साले मल्होत्रा ने और वह भी मिस दास के सामने। बिना एक भी शब्द बोले, भीतर ही भीतर सौ-सौ ज़ख़्मों का दर्द लिये कैसे वह घिसटते हुए अपनी कुर्सी तक आए थे। हरामी कहीं का। सारे दिन मिस दास की

साड़ी में घुसा रहता है। बीवी तो बना नहीं सकता अपनी उस बारह मन की धोबन के रहते, असिस्टेंट मैनेजर बनाकर बिठा लिया अपनी गोद में। एक वो मिस दास हैं, पूछो भला, क्या तुम्हारा अनुभव, क्या तुम्हारी लियाकत! डेबिट–क्रेडिट का मतलब तक तो आता नहीं तुमको...अकाउंट्स–डिपार्टमेंट की मैनेजरी करने आ गई। पर करना क्या है लियाकत का। ऊँचे ओहदों पर पहुँचने के लिए दो ही लियाकत होनी चाहिए औरत में—बड़े बाप की बेटी, या अफ़सर संग लेटी।

और फोहश गालियों का फव्वारा छूट पड़ा। सारे भ्रष्ट अफ़सरों के नाम...उनकी रखैलों के नाम। एक से एक वज़न्दार गाली। पर आख़िरी गाली शेरा बाबू ने अपने ही नाम दागी। लानत है इस ज़बान पर! लेकिन क्या करें? इन घिन्नौने और ज़लील लोगों की बात सोचते ही उनकी अपनी ज़बान कैसी ज़लालत में लिपट जाती है! थूऽऽ! ज़बान साफ़ करने के चक्कर में थड़ाक से थूककर उन्होंने अपना ही कमरा गन्दा कर दिया।

इस भ्रष्ट नौकरशाही को जड़ से उखाड़ देने की भयंकर ललक और इसे तिल–भर भी हिला न पा सकने की मजबूरी के बीच शेरा बाबू का मन कुछ इस तरह ऐंठा की उन्होंने वह फाइल ही बन्द कर दी।

सामने एक नया काग़ज़ फैलाया। खाली और साफ़। मन को भी सारी कटुता से खाली किया और क़लम पकड़कर एक क्षण को आँखें बन्द कीं। लिखने को वे पूजा की तरह पवित्र मानते हैं।

रात दो बजे तक उन्होंने इस नए विशेषांक की विस्तृत योजना बनाई। विभिन्न लेखों के शीर्षक...परिचर्चा का विषय...अलग–अलग क्षेत्रों के महारथियों के इस समस्या पर विचार और फिर अपना लम्बा, विचारोत्तेजक सम्पादकीय।

मन में एक गहरा आत्मतोष और शरीर में हल्की–सी थकान लेकर वे सोए तो सारी रात उन्हें सपने ही आते रहे। चारों ओर से लड़के–लड़कियाँ चले आ रहे हैं—थके, हारे, पस्त। धीरे–धीरे सारी भीड़ एक जुलूस में बदल गई। संयत और अनुशासित। शेरा बाबू नेतृत्व कर रहे हैं। कहीं से सुधीर आता है, हाथ में पानी का गिलास लिए, ''पापा, पानी पीजिए, आप थक गए होंगे।''

''जिस आदमी की खोपड़ी पर कोई जिम्मेदारी नहीं, वही आठ–आठ बजे

तक सो सकता है।'' बीवी की लताड़ ने नींद को ही नहीं, शेरा बाबू को ही चीरकर खड़ा कर दिया। आठ बज गए, पता नहीं चला।

''मैं जा रही हूँ। मेहरी तो आज भी नहीं आई। सब्जी बनाकर रख दी है। मुझे देर हो रही है, रोटी खुद सेंक लेना।'' और कूल्हे मटकाती हुई वह निकल गई।

अच्छा तमाशा है। जहाँ तीन रोटी अपनी सेंकीं, मेरी भी सेंक सकती थी, पर नहीं सेंकेंगी। कमाऊ बीवी का रौब कैसे पिलाये! और इस महरी को भी पता नहीं क्या हुआ है?

जल्दी-जल्दी शेरा बाबू ने अपना निजी काम निपटाया। एक बार बीवी के कमरे में झाँका—पलंग पर पड़ा अस्त-व्यस्त ओढ़ना, बिछौना, आधी कुर्सी और आधी ज़मीन पर फैली बीवी की उतरी हुई साड़ी। कोने में उतरे हुए पजामे के दो गोले। तो सपूत साहब माँ से भी पहले सटक लिए। यह घर है या स्साला घूरा? हज़ार बार कहा कि सवेरे और कुछ नहीं तो अपना कमरा ही थोड़ा ठीक कर लिया करो। पर नहीं, सवेरे तो उन्हें तगण-मगण-भगण का तर्पण जो करना रहता है। पूछो भला—इस तगण-मगण-भगण से किसका कल्याण होने जा रहा है आज? क्यों अपनी और बच्चों की ज़िन्दगी ख़राब करने में लगे हो? पर इन भैंसिया अक्लवाले हिन्दी के पंडितों को कौन समझाए?

और शेरा बाबू की दुनाली हिन्दीवालों की ओर घूम गई। 'देस स्साला रसातल को जा रहा है, पर इन गधों को कोई चिन्ता नहीं। लगे हुए हैं रासो की जान को। रासो प्रामाणिक है या नहीं? मान लो, तुमने प्रामाणिक सिद्ध कर ही दिया तो कौन तुम्हें कलक्टरी मिल जाएगी। जहाँ हो, वहीं पड़े सड़ते रहोगे। तुम बस हो ही इस लायक कि दंड पेलो और गधों की जमात पैदा करते जाओ।'

समय ने लंगी लगाई तो शेरा बाबू चारों खाने चित। बाप रे, नौ बज गए। उन्होंने दोनों गालों पर चपत लगाई...असली गधे तो शेरा बाबू तुम खुद हो। यह स्साला दिमाग़ है या चूँ-चूँ का मुरब्बा! अब न खाने का समय, न पकाने का। अब भूखे ही दंड पेलना ऑफ़िस में।

बस में लंद-फँदकर ऑफिस पहुँचे। वही परिचित चेहरे, परिचित गन्ध, परिचित माहौल। नया कुछ भी नहीं जो मन को बाँध सके और इसीलिए कुर्सी पर बैठने के थोड़ी देर बाद ही भूख ने सताना शुरू कर दिया। उन्होंने अपने पर ही तरस खाते हुए कहा—शेर-शेर बनकर ही दूसरों को खा सकता

है...गीदड़ बनकर तो ससुरा अपने को ही खाएगा।

तभी जगत दिखाई पड़ गया—ऑफ़िस का चपरासी। पाँच-छह दिन से नहीं आ रहा था।

"अरे जगत, कैसे हो भइया?" बड़ी आत्मीयता से उन्होंने पूछा।

"बुखार तो टूट गया पर कमज़ोरी बड़ी है।" जगत सामने हाथ जोड़कर खड़ा हो गया।

"तो और दो दिन आराम करके आते।" उन्होंने स्नेह से जगत के जुड़े हुए हाथ अपने हाथ में ले लिए।

"अरे साब, यों ही दो दिन की छुट्टी ज़्यादा हो गई है। हम लोगों के लिए क्या काम, क्या आराम! बस, पेट में दो जून डालने के लिए रोटी का जुगाड़ हो जाए, यही सबसे बड़ा आराम है साब!"

"जानते हो, मैं परसों तुम्हारे घर की तरफ़ गया। सोचा, देख आऊँ, कैसे हो। पर तुम्हारा घर ही नहीं मिला।"

कृतज्ञता के मारे जगत की आँखों में तराइयाँ आ गईं, "अरे आपने बेकार में तकलीफ़ की साब।"

पर तभी चारों ओर से जगत पर तरह-तरह के आदेशों की मार पड़ने लगी और वह दौड़ गया।

कोई इतनी-सी बात भी नहीं सोचेगा कि बेचारा बीमारी से उठकर आया है तो थोड़ा-सा ख़याल ही रख लें। ये घिस्सू क्लर्क। चपरासियों को पेल-पेलकर ही तो इन्हें कुर्सी पर बैठने का अहसास होता है। अफ़सरों से झड़ो, चपरासियों को झाड़ो। शेरा बाबू का तो तजुर्बा है कि इस तबके के आदमी को तुम बस आदमी समझो, बदले में ये तुम्हें ख़ुदा समझेंगे।

पर शेरा बाबू के तजुर्बे का कोई मोल रह गया है आजकल। टके को नहीं पूछता कोई। सब उन्हें सिनिक कहते हैं, कहो! इस चहुँतरफी सड़ाँस को देखकर हर समय जिसके दिमाग़ की नसें फटती रहती हों, ख़ून खौलता रहता हो, वह सिनिक तो हो ही जाएगा।

जो ज़िन्दा है, वही सिनिक है। एकाएक उनके मन में उभरा और अपनी इस उक्ति पर वे खुद मुग्ध हो गए। वाह रे शेरा, क्या दिमाग़ पाया है...कुछ उपयोग कर पाता इस दिमाग़ का तो बात भी थी, वरना तो भेजे के भीतर ही स्साले का सिरका बन रहा है।

शाम को ऑफ़िस से निकलकर वे सीधे लाइब्रेरी पहुँचे। उनकी दिनचर्या का सबसे सुखद समय। अख़बार और पत्रिकाएँ पढ़ने के बाद थोड़ी देर मिश्राजी से गप्प कर लेते हैं। दिन-भर ऑफ़िस में बैठकर छाती में धुआँ-सा भर जाता है। किसी के सामने निकाल लें तो जी हल्का हो जाता है, वरना घर...। उन्होंने दिमाग़ से घर को परे सरकाया और एक साप्ताहिक खोल लिया।

'जनता पार्टी के मंत्रियों की तस्वीरें...उनकी जीवनियाँ...उनके इंटरव्यूज़... उनकी प्रशंसा...प्रशस्ति...'

'लानत है स्साले इस सम्पादकों पर! दोगले और बेपेंदी के! अच्छा है बेटा, तुम यही करो। जो शक्ति-स्थान पर बैठा है, उसके चरण चाँपो और अपनी सात पुश्तों को तार लेने का सिलसिला बिठा लो। अरे, कम-से-कम कुछ करके चरण थकने तो देते इनके, फिर चाँपते। पर इतना सबर किसको? लेखक, सम्पादक, अध्यापक, सब-के-सब चले जा रहे हैं लाइन लगाकर। जय कुर्सी मैया! यह तो शेरा बाबू ही स्साला उल्लू का पट्ठा है जो सिद्धान्तों की दुम पकड़े-पकड़े सबका लतियाब सहता रहता है। एक दिन ऐसे ही दफा भी हो जाएगा... कोई दो आँसू बहाने भी नहीं आएगा।'

सौ-सौ धिक्कार फूटने लगे इन गिरगिटिए चरण-चाँपियों पर।

"अरे शेरा बाबू, आप कब आकर बैठ गए! मैं तो आपके लिए जेब में खुशख़बरी लिए घूम रहा हूँ।" शेरा बाबू को देखकर लाइब्रेरियन मिश्रा अपने कटघरे में से बाहर निकल आया।

"खुशख़बरी?" शेरा बाबू के लिए तो यह शब्द ही अपरिचित हो चला है।

"गुप्ता जी का जवाब आ गया। अगले महीने वे खुद ही आनेवाले हैं।" और मिश्राजी ने एक चिट्ठी शेरा बाबू के सामने फैला दी, "इनके साथ अगर बात बन गई तो जैसा आप चाहते हैं, वह हो जाएगा।"

चिट्ठी पढ़ते-पढ़ते शेरा बाबू के हाथ काँपने लगे।

"आप कल ही अपनी योजना मय-बजट इनके पास भेज दीजिए। आने से पहले वे भी एक-दो लोगों को देख-दिखा लें। वैसे आदमी बहुत खरे हैं गुप्ताजी।"

घर लौटे तो पैदल चलते हुए ही उन्हें लग रहा था जैसे मोटर पर सवार हैं। फाइल में नत्थी किए हुए विशेषांक छप-छपकर उनके आगे-पीछे तैरने लगे। एक विशेषांक और उसकी होनेवाली प्रतिक्रिया के सैकड़ों दृश्य उनकी

आँखों के सामने से गुज़रने लगे। एकाएक ही उन्हें लगा जैसे वे कुछ विशिष्ट हो गए हैं...कुछ ऊपर उठ गए हैं...ज़मीन से डेढ़ इंच ऊपर।

घर में घुसते ही देखा—चिल्ल-पों। बीवी अपनी धाड़-फाड़ आवाज़ में महरी पर जुटी हुई थी। वह सफ़ाई पेश कर रही थी, "क्या करती बीवीजी, घर का एक-एक आदमी बीमार। मरे इस मलेरिया ने छोड़ा भी है किसी को इस बार?"

"ठीक है, मलेरिया ने नहीं छोड़ा तो मैं भी नहीं छोड़ने की इस बार। आठ नागा हुई हैं, इस महीने में तनख़्वाह कटेगी। यहाँ भी कोई मुफ़्त का..."

"क्या कोहराम मचा रखा है घर में?" डेढ़ इंच ऊपर से ही शेरा बाबू ललकारे।

बीवी ने बड़ी पैनी नज़रों से शेरा बाबू के इस तेवर को देखा।

"ठीक तो है। बीमारी तो किसी की बस की नहीं। इसके लिए पैसे काटना कोई इन्सानियत है..."

"एऽहेंऽ! चार सौ रुपल्ली पानेवाला आदमी पहले खुद तो इन्सान बनकर दिखा दे।...इन्सानियत की बातें करेंगे..." शटाक् से छुरी चली और शेरा बाबू टुकड़े-टुकड़े होकर धड़ाम से ज़मीन पर।

"यहाँ काम करते-करते हड्डियाँ चटक गईं और ये ऑफ़िस के बाद मटरगश्ती करके आए हैं। इन्सानियत का पाठ पढ़ाने। ऐसे निखट्टू..."

और फिर छुरी-कैंची का एल.पी. चला तो शेरा बाबू की धज्जी-धज्जी बिखेर कर रख दी।

हवा निकले गुब्बारे की तरह किसी तरह अपना किरचा-किरचा समेटकर भीतर आए और धम्म से कुर्सी पर बैठ गए।

'ये स्साली बीवी है। बीवी और औरत के नाम पर कैसी-कैसी लफ़्फ़ाज़ियाँ झाड़ रखी हैं—सब बकवास। एक वो प्रसादजी हो गए...ऐसी एक भी घुड़की खा लेते तो सारी श्रद्धा-वृद्धा पीछे के रास्ते निकल जाती।'

कोई विश्वास करेगा कि शादी के बाद यही औरत कैसे आगे-पीछे घूमा करती थी उनके? शेरा बाबू की छोटी-सी इच्छा सीधा आदेश बन जाती थी इसके लिए। पहली तारीख़ को हज़ार रुपए पकड़ाते थे और वह हज़ार जान से कुर्बान रहती थी उन पर। कर्ज़ा न चुका पाने के कारण जब कुर्की आई

तो बिना चेहरे पर शिकन लाए अपने दस तोले का सतलड़ा हार निकालकर दे दिया था। हालाँकि वह हार उनके पिता का ही दिया हुआ था, फिर भी शेरा बाबू तो एकदम बिक गए। यह तो बाद में मालूम पड़ा कि शेरा बाबू को ख़रीदने के लिए ही उसने यह हार दिया था। उसके बाद शेरा बाबू—बीवी के जरख़रीद ग़ुलाम।

सचमुच अपने व्यक्तित्व के एक हिस्से पर उन्होंने 'सोल्ड' की चिप्पी लगाई और बीवी के हाथों में सौंप दिया—ले घिस, छील, काट...

वितृष्णा का ज्वार कुछ ऐसे ज़ोर से उमड़ा कि ऊपर से नीचे तक सराबोर। दो-तीन डुबकियाँ लगाकर ऊपर आए तो एकदम दार्शनिकी मुद्रा में।

'कुऽऽ नहीं...सब बेकार। कोई किसी का नहीं—न बीवी, न बच्चे। सब मन भरमाने के चोंचले हैं।'

अभी कुछ देर पहले मिश्रा की बात से जिस उत्साह और उमंग के पंख लगाकर वे उड़ते हुए घर आए थे, वे भी झाड़कर फेंक दिए।

नहीं, कुछ नहीं होगा। पहले की अनेक बातों की तरह यह बात भी ढिस्स होकर रह जाएगी। जब-जब कहीं से ज़रा-सी बात का सुराग भी मिला है...किसी ने कोई आश्वासन दिया है...उन्होंने ज़मीन-आसमान एक कर दिया है। महीनों भाग-दौड़ की कि बात बन जाए...हफ्तों सपने देखे कि बात जमने पर वे क्या-क्या करेंगे।

पर हुआ कुछ आज तक?

एक वो पटेल साहब आए थे। उनको पत्रिका की पॉलिसी समझाओ... उद्देश्य समझाओ टेक की तरह। बस, एक बात दोहराते थे—'यह तो ठीक है जी, पर इसका व्यावसायिक पक्ष तो समझाओ। हम व्यापारी आदमी ठहरे, वहीं पैसा लगाएँगे जहाँ दो की जगह चार होकर मिले।'

'बैठ स्साले सट्टे बाज़ार में। व्यापारी की...' सँभलते-सँभलते भी एक मोटी-सी गाली उनके दार्शनिक चोले में से फूटकर बाहर आ ही गई।

एक वो पनिकर साहब! 'देखिए मिस्टर शेरा बाबू आपकी बोल्डनेस ने हमें एकदम फ्लैट कर दिया। ऐसी ही बोल्डनेस हम चाहते हैं। पैसा भी इतनी बड़ी प्राब्लम नहीं होगा। बस, एक बात है...मैगज़ीन नें आपको पार्टी का लैंस ज़रूर लगाना होगा। हर चीज़ पार्टी के एंगिल से आए।'

'शेरा बाबू से बात कर रहा है पार्टी के एंगिल की। लैंस लगा ले अपने

पैंदे में। रोज़ सवेरे पेट साफ़ करने के बाद देखा करना कीड़े कितने बढ़ गए कि दिमाग़ तक झड़ गया स्साले का।'

शेरा बाबू को समझौता ही करना होता या किसी के आदेश पर ही चलना होता तो अख़बारी नौकरियों की कमी थी उस समय कोई। पत्रिका बन्द होते ही ऑफर आए थे उनके पास। पर नहीं, उन्होंने ढाई सौ रुपल्ली की नौकरी चुनी। नौकरी थी गीदड़ की और उन्होंने शेरा बाबूवाले तेवर से शुरू की। शुरू-शुरू के दिन थे। अपने को मारने में समय तो लगता है न! हो गई एक दिन सेक्रेटरी से झड़प। स्साले की ऐसी की तैसी कर दी। आज भी शेरा बाबू को याद है, उसने बिना आदेश के पत्थर जैसी जमी हुई कठोर आवाज़ में कहा था—'गेट आउट ऑफ दी रूम।' और दूसरे दिन ही ऑफ़िस से भी गेट आउट होने का नोटिस थमा दिया गया था उन्हें।

तब उन्होंने अपने एक हिस्से को मारकर, घिस-घिसकर गैंडे की खाल चढ़ाकर नौकरी के लिए तैयार कर लिया। जब नई नौकरी की तो इस हिस्से को मल्होत्रा को सौंप दिया था—मार, पीट, छील।

उसके बाद की ज़िन्दगी—ज़लालत का इतिहास।

उन्होंने बीवी से समझौता कर लिया...नौकरी से समझौता कर लिया। पर पत्रिका? नहीं, वहाँ वे कोई समझौता नहीं करेंगे—किसी भी क़ीमत पर नहीं। एक यही तो जगह है जहाँ वे शेरा बाबू होकर जी सकते हैं। यहीं तो खुलकर अपनी बात कहने की आस रख सकते हैं...डटकर विरोध करने का हौसला रखते हैं...बड़े-से-बड़े की धज्जियाँ बिखेरने का साहस रखते हैं। यहाँ वे शेरा बाबू होकर ही जिएँगे...शेरा बाबू होकर ही लिखेंगे। इस एक-तिहाई हिस्से को लेकर ही तो लगता है कि वे भी ज़िन्दा हैं, इतना सब होने पर भी अपने पूरे वजूद के साथ ज़िन्दा हैं, वरना तो इस ज़िन्दगी में रह ही क्या गया है!

भावुकता और आवेश के मारे उनका सारा बदन जैसे थरथराने लगा। हर किसी के नाम फूटती गालियों की बौछार न जाने कहाँ बिला गई। थोड़ी देर पहले ही दार्शनिक मुद्रा पर कुछ-कुछ आध्यात्मिक पवित्रता का-सा लेप चढ़ गया और वे सिद्धावस्था को पहुँच गए। पर भूखे पेट बहुत देर तक सिद्धावस्था में भी तो नहीं रहा जा सकता। सो जल्दी ही नीचे उतर आए।

ख़याल आया, आज सवेरे भी तो कुछ नहीं खाया था। पर अभी तो

तुरन्त की खाई हुई चोट से खून रिसना भी बन्द नहीं हुआ है। कैसे खाने पहुँच जाएँ! ठीक है, आज वे नहीं खाएँगे। जहाँ मन को इतना मारा, वहाँ पेट को भी मार सकते हैं। पर पेट स्साला बवंडर कुछ ज़्यादा ही मचाता है अँतड़ियाँ कैसी कुलबुला रही हैं! यह कुलबुलाहट दिमाग़ को भी ऐंठने लगी। उन्होंने कसकर अपने दोनों गालों को चपतियाया।

कुछ नहीं शेरा बाबू, तुमसे कुछ नहीं होने का। यह पत्रिका की बात दिमाग़ को स्साले आसमान पर ले जाकर बिठा देती है। भूल ही जाते हो कि खड़ा तो ज़मीन पर ही होना है। और जब औंधे मुँह गिरते हो तो इसी तरह लहूलुहान। पकड़ो कान और खाओ क़सम की पत्रिका की बात सोचना भी छोड़ दोगे। ज़मीन पर रहोगे तो ज़मीन की ज़िन्दगी जिओगे। अपने दिमाग़ी फितूर छोड़ो और अपने वजूद का तीसरा हिस्सा ज़मीन के ही नाम लिख दो। यह रस्समकश ही ख़तम हो।

और भूखे पेट में क़सम के दो कौर डालकर शेरा बाबू अपनी खटिया पर लेट गए, लेटे रहे...लेटे रहे। कभी इस करवट, कभी उस करवट। पता नहीं पेट की कुलबुलाहट थी या कि गुप्ताजी के पत्र की पंक्तियाँ कि नींद ही नहीं आ रही थी। मन के चारों ओर अच्छी तरह नाकेबन्दी करने के बावजूद गुप्ताजी के पत्र की पंक्तियाँ सपनों के छोटे-छोटे टुकड़ों के रूप में लपक-लपक उनकी आँखों के सामने कौंध जातीं। तब वे हताश से, सफ़ाई देते हुए जैसे अपने को ही समझाते...क्या हर्ज़ है, जीने का एक बहाना ही मिल जाता है।

आज शनिवार है। ऑफ़िस एक बजे बन्द हो जाएगा। पर मल्होत्रा साहब की इच्छा है कि चार बजे सब लोग यहीं इकट्ठा हों। कारण—मंत्री महोदय के निवास स्थान पर जाकर उन्हें जन्मदिन की बधाई देना। मल्होत्रा साहब कि इच्छा है यानी बाक़ी सब लोगों के लिए आदेश। ऐसा आदेश जिसे टालना जुर्म है। भारी जुर्म...माफ़ी के परे का जुर्म।

मल्होत्रा साहब आते ही मिस दास को लेकर बुके और फूलमालाओं का ऑर्डर देने निकल गए। मंत्री महोदय के चरणों में अर्पित होनेवाला बुके बहुत नफ़ीस होना चाहिए। नफ़ीस और लाजवाब। ये कलमघिस्सू क्लर्क नफ़ासत क्या समझें इसलिए ऑफ़िस की सबसे नफ़ीस चीज़ को बगल में बिठाकर खुद गए हैं।

उनके जाते ही कलमघिस्सू क्लर्क जीभघिस्सू हो गए। बढ़ते दामों से लेकर जनता पार्टी, कांग्रेस—सबका ही तर्पण कर डाला। वही नंगी भाषा...वही ज़हर-घुले वाक्य। भारी-भरकम गालियों के कन्धे पर चढ़ा दो-तीन बार मल्होत्रा का ज़नाजा भी निकाल डाला। सबसे बड़ा ग़म तो इस बात का कि इस मंत्री के चक्कर में आधे दिन की छुट्टी की छुट्टी हो गई।

काम कर रहा है तो केवल तापस। कोई दस दिन पहले ही दूसरे विभाग से बदली होकर आया है। शेरा बाबू की मेज़ पर बैठता है। दुबला-पतला निरीह-सा बंगाली लड़का। बुझा हुआ चेहरा। मल्होत्रा के केबिन में जाएगा तो पैर थरथराते रहते हैं...लौटता है तो आँखें छल-छलाई रहती हैं। लगता है, जैसे किसी बहुत अपने को दफनाकर आ रहा हो। शेरा बाबू को पहले ही दिन से इस लड़के से कुछ ममता-सी हो गई है, वरना आज तक जगत के सिवाय उनका और किसी से तालमेल ही नहीं बैठा। इसे देखकर जब-तब दिमाग़ में सुधीर टकराता रहता है। पर अजीब बात है—सुधीर की आवारागर्दी और गैर-ज़िम्मेदारी को लेकर जितना ग़ुस्सा उनके मन में है...तापस को देखकर वह सब छँट जाता है। केवल छँटता ही नहीं, एक सुकून-सा मिलता है। इस कुर्सी पर बैठने से तो आवारागर्दी करना कहीं ज़्यादा अच्छा है।

खटाक से जैसे माइक पर बजते रिकार्ड का स्विच किसी ने बन्द कर दिया हो। यहाँ से वहाँ तक सुई-पटक सन्नाटा। साहब केबिन में—सबके सिर फाइलों में।

थोड़ी देर में ही जगत ने फ़रमान पेश किया, "तापस बाबू, बड़े साहब।"

बड़ी कातर-सी नज़र शेरा बाबू पर डालकर तापस जगत के पीछे घिसट लिया। शेरा बाबू भीतर की आहट लेने को एकदम चौकस होकर बैठ गए।

थोड़ी देर तक भीतर चुप्पी रही फिर एक गुर्राहट।

"पढ़ लिया अपना लिखा नोट ?"

एक अस्पष्ट-सी रिरियाहट।

"तीन दिन के बाद ये नोट तैयार किया है तुमने ?" लानत में लिपटा एक प्रश्न।

रिरियाहट में अब रुआँसापन भी मिल गया।

"नो आर्ग्यूमेंट्स...गो!" एक दहाड़ती हुई दुत्कार।

चुप्पी।

"लाइनों को पढ़ लेना ही पढ़ना नहीं होता। बिटवीन दी लाइंस भी कुछ पढ़ा जाता है, समझे। जाओ, जाकर शुक्ला से गाइड-लाइन लो और फिर से नोट तैयार करो।"—धिक्कार भरा आदेश।

दरवाज़ा खोलकर तापस ने पहला क़दम बाहर किया ही होगा कि—"तापस, तुम इस तरह घिसट-घिसटकर क्यों चलते हो? जब देखो ऐसी मुहर्रमी सूरत बनाकर रहते हो? और सुनो, शाम को ठीक से ड्रेस होकर आना...यों पसीने में चिपचिपाते हुए नहीं। यंगमैन हो...बी स्मार्ट...बी ब्राइट..."—उद्‌बोधन।

शेरा बाबू के भीतर कुछ खौलने लगा—'स्मार्टनैस के बच्चे, उपदेश झाड़ रहा है। मोटर-बंगले के साथ तीन हज़ार पॉकेट में डाल दे और एअर कंडिशंड कमरे में बिठा दे फिर देख अंग-अंग से कैसी स्मार्टनैस टपकती है। ढाई सौ रुपल्ली में तो पसीना ही टपकेगा। स्साला बिटवीन दी लाइन समझा रहा है। अरे, तेरे बिटवीन दी लेग्ज जो है, वह भी समझ में आता है...खूब समझ में आता है। सीधे से क्यों नहीं कहता कि निगम आकर हलक के नीचे उतार गया है नोटों का बंडल? ठीक है, कौन हमारे बाप की जेब से कुछ जाता है। करो लीपा-पोती। पर उस ग़रीब को क्यों धुनक दिया नाहक ही?'

तापस घिसटता हुआ आकर धीरे-से बैठ गया। वही पनियाली आँखें... लगा, अब रोया, तब रोया।

"शेरा बाबू, हमने बहुत ध्यान से सारा फाइल स्टडी किया था...बहुत मेहनत करके नोट तैयार किया था...आपको भी तो दिखाया था।"

शेरा बाबू ने दिलासा देते हुए कंधा थपथपाया, "अरे, कोई बात नहीं, तुम शुक्ला के पास चले जाओ। वह गाइड-लाइन नहीं, लिखा-लिखाया नोट ही तुम्हें दे देगा। बस, लाकर टाइप करो और लगा दो।"

तापस उठा तो मन-ही-मन उभरा—शुक्ला स्साला मल्होत्रा की मींगनी। हिकारत से उन्होंने वेस्ट-पेपर बास्केट में ही थूक दिया।

एक बजे ऑफ़िस से निकल शेरा बाबू लाइब्रेरी चले आए। घर आना-जाना यानी दो घंटे की बरबादी। यों भी कोई तुक नहीं था घर जाने का।

मिश्रा देखते ही चिल्लाया, "अरे शेरा बाबू, दो दिन से आप आए ही नहीं। मैं तो आपके घर आनेवाला था।"

शेरा बाबू सीधे मिश्रा के कटघरे में ही घुस गए।

''गुप्ताजी की चिट्ठी आई है। चिट्ठी नहीं, बस समझ लीजिए, पत्रिका शुरू करने का आदेश। आपके भेजे हुए प्रोजेक्ट को उन्होंने एकदम पास कर दिया। अगले सप्ताह वे खुद आ रहे हैं। सारी बात को अन्तिम रूप देने के लिए।''

पत्र पढ़कर शेरा बाबू के रोम-रोम में जैसे भूचाल-सा उठ पड़ा। समझ ही नहीं पा रहे थे कि इस आवेश को कैसे सँभालें। मिश्रा पर ही एक के बाद एक प्रश्नों की बौछार कर दी।

काम में डूबा मिश्रा इस बिन बादल की बौछार से हड़बड़ा गया। कन्नी काटते हुए बोला, ''गुप्ताजी आएँ तब सब बात हो ही जाएगी। इस समय मैं ज़रा इन किताबों को दर्ज कर लूँ।''

''हाँ...हाँ, ठीक तो है...'' अपने आवेश को अपने में ही समेटे वे बाहर निकल आए। बाहर लॉन में पेड़ के नीचे पड़ी बैंच पर लेट गए। उन्हें लगा, इस समय शायद शरीर की निष्क्रियता से ही मन की सक्रियता को झेला जा सकता है।

गुप्ताजी को योजना भेजने के बाद उन्होंने दोनों हाथों से दबोचकर अपने भीतर के शेखचिल्ली को चित कर दिया था और खुद उस पर चढ़ बैठे थे। नहीं, वे बिल्कुल नहीं सोचेंगे पत्रिका की बात।

पर इस समय...लग रहा है कि वे खुद चारों खाने चित पड़े हैं और भीतर का शेखचिल्ली उन पर चढ़ा बैठा है...पूरे आवेश और आक्रोश के साथ।

इस मल्होत्रा की तो ऐसी की तैसी करके रख दूँगा। स्साले के इतने घपले हैं कि बँधा-बँधा फिरेगा। सबके प्रमाण जुटाकर निकलूँगा यहाँ से, फिर बड़े-बड़े अक्षरों में...

घिघियाता हुआ आएगा तो उतनी ही धाँसू आवाज़ में—'गेट आउट ऑफ दी रूम।'

सौ सुनार की, एक लुहार की। तेरे पत्तों से ही तेरा हिसाब साफ़।

फिर तो पूरी रेलगाड़ी चल पड़ी—सम्पादक, नेता, मंत्री, भ्रष्टाचार, बढ़ती महँगाई, पिसती जनता...नई सरकार...

और तब उन्होंने अपने पर अंकुश लगाया—बस करो शेरा बाबू, बस करो...

घड़ी देखी तो पौने चार। लो इतनी देर से लन्तरानियाँ ही झाड़ रहे हैं। चार बजे ऑफ़िस पहुँचना है। पर मल्होत्रा और उस सारे माहौल का ख़याल

आते ही मन में भारी कोफ़्त उठी—कौन जाए स्साले उन जनखों की टोली में। मंत्री महोदय के सामने तालियाँ बजा-बजाकर नाचना ही तो है। ऐसी की तैसी!

वे उठे। हिकारत के साथ उन्होंने अपने दो-तिहाई हिस्से को बैंच पर ही छोड़ दिया और बड़ी एहतियात के साथ अपने एक-तिहाई हिस्से को पुचकारा, सहलाया, समेटा, और चल पड़े। इन दो-तिहाई हिस्सों के चक्कर में कितना अजनबी हो उठा है उनका यह एक-तिहाई हिस्सा।

एक बार पत्रिका जम गई तो बीवी से नौकरी छुड़वा दूँगा। असल में पैसे और काम की मार ने ही उसका मिज़ाज ख़राब कर दिया है। वह भी क्या करे बेचारी...वरना पहले तो...

हाँ, कहीं तापस मिल जाता तो उसे पूरी तरह आश्वस्त कर देते। आज बहुत झुलस गया बेचारा। दूसरे काइयाँ क्लर्कों की तरह अभी गैंडे की खाल नहीं चढ़ी है उस मासूम के...भीतर तक थरथरा जाता है। नहीं-नहीं, और परेशान होने की ज़रूरत नहीं है। बहुत जल्दी ही वे उसे इस सड़ाँध से मुक्त कर देंगे। मेहनती और ईमानदार बच्चा है...प्यार मिलेगा तो कुछ कर दिखाएगा।

उनके सामने तापस का बुझा हुआ मुर्झाया चेहरा घूम गया और उन्होंने कुछ ऊँचाई से उसके सिर पर अपना वरदहस्त रख दिया।

पर अब कहाँ जाएँ? एकाएक ख़याल आया, जगत के घर चलना चाहिए। उस दिन उसने पता दिया था। देखते ही चौंक जाएगा—अरे साब, आप यहाँ? आप लोगों को तो मंत्री महोदय के...

उसे भी कह ही दें कि अब सवेरे से शाम तक एक पैर पर नाचने की और बात-बात पर फटकार खाने की ज़रूरत नहीं है। पहली नियुक्ति वे जगत की ही करेंगे। बेचारा कितना ख़याल रखता है...कितना आदर करता है। एक बार वे कोई काम कह दें तो मल्होत्रा की बात भी अनसुनी कर देता है...फिर चाहे उनकी झिड़कियाँ ही खाता रहे।

अब शेरा बाबू के साथ काम करके देखे कि काम करना क्या होता है। अच्छी तनख़्वाह, काम की सब सुविधा और सबसे बड़ी बात इन्सानियत का व्यवहार। यहाँ तो बहुत दुखी होता रहता है बेचारा।

शेरा बाबू के ये आश्वासन तापस और जगत तक तो नहीं पहुँचे पर इनसे वे खुद कहीं बहुत आश्वस्त हो आए।

स्त्री-सुबोधिनी

प्यारी बहनो,

न तो मैं कोई विचारक हूँ, न प्रचारक, न लेखक, न शिक्षक। मैं तो एक बड़ी मामूली-सी नौकरीपेशा घरेलू औरत हूँ, जो अपनी उम्र के बयालीस साल पार कर चुकी है। लेकिन इस उम्र तक आते-आते जिन स्थितियों से मैं गुज़री हूँ, जैसा अहम अनुभव मैंने पाया...चाहती हूँ, बिना किसी लाग-लपेट के उसे आपके सामने रखूँ और आपको बहुत सारे खतरों से आगाह कर दूँ। मैं जानती हूँ कि अपने जीवन के निहायत ही निजी अनुभवों को यों सरेआम कहकर मैं खुद अपने लिए बहुत बड़ा खतरा मोल लूँगी। मेरे मात्र पाँच साल के अल्पकालीन विवाहित जीवन पर भी संकट आ सकता है। पर क्या करूँ, मेरा नैतिक दायित्व मुझे ललकार रहा है कि अपनी हज़ार-हज़ार मासूम किशोरी बहनों को....जो या तो ऐसी ही स्थिति में पड़ी हैं या कि कभी भी पड़ सकती हैं...अपने अनुभव से कुछ नसीहत दूँ, बरबादी की ओर जाने से बचा लूँ, खतरा उठाकर भी यदि मैं दो-चार बहनों की....

क्या कहा, आपकी दिलचस्पी बेकार की लफ़्फ़ाजी में नहीं है! आप असली बात जानना चाहती हैं! बहुत अच्छे। लफ़्फ़ाजी के प्रति यदि आपके मन में अरुचि है, तो यह शुभ लक्षण है। बहुत शुभ। आप शर्तिया बहुत सारे खतरों से बची रहेंगी। साँप का काटा और बातों का मारा व्यक्ति बेचारा उठ नहीं पाता। मुझे ही देखिए, मेरी जो दुर्दशा हुई थी, उसका कारण...

अच्छा-अच्छा, अब एक भी बेकार की बात नहीं। बिना किसी लाग-लपेट के सीधी बात सुनिए। सीधी और सच्ची।

मेरा अपने बॉस से प्रेम हो गया। वाह! आपके चेहरों पर तो चमक आ गई। आप भी क्या करें? प्रेम कम्बख्त है ही ऐसी चीज़। चाहे कितनी ही पुरानी और घिसी-पिटी क्यों न हो जाए...एक बार तो दिल फड़क ही उठता है....चेहरे चमचमाने ही लगते हैं। खैर, तो यह कोई अनहोनी बात नहीं! डॉक्टरों का नर्सों से, प्रोफेसरों का अपनी छात्राओं से, अफ़सरों का अपनी स्टेनो-सेक्रेटरी से प्रेम हो जाने का हमारे यहाँ आम रिवाज़ है। यह बात बिल्कुल अलग है कि उनकी ओर से इसमें प्रेम कम और शग़ल ज़्यादा रहता है। पर यह बात तो मुझे बहुत बाद में समझ में आई। मैंने तो अपनी ओर से ईमानदारी के साथ ही शुरू किया था। ईमानदारी और समर्पण के साथ।

शिंदे नए-नए तबादला होकर हमारे विभाग में आए थे। बेहद खुशमिज़ाज और खूबसूरत। आँखों में ऐसी गहराई कि जिसे देख लें, वह गोते ही लगाता रह जाए। बड़ा शायराना अन्दाज़ था उनका और जल्दी ही मालूम पड़ गया कि वे कविताएँ भी लिखते हैं। पत्र-पत्रिकाओं में वे धड़ाधड़ छपती भी रहती हैं और इस क्षेत्र में उनका अच्छा खासा नाम है। आयकर विभाग की अफ़सरी और कविताएँ। हैं न कुछ बेमेल-सी बात! पर यह उनके जीवन की हक़ीकत थी।

मैं स्थितियों और उम्र के उस दौर से गुज़र रही थी, जब लड़कियों में प्रेम के लिए विशेष प्रकार का लपलप भाव रहता है। बूढ़ी माँ तीनों छोटे भाई-बहनों को लेकर गाँव में रहती थी और मैं इस महानगरी में कामकाजी महिलाओं के एक होस्टल में। न घर का कोई अंकुश था और न इस बात की सम्भावना कि कहीं मेरा ठौर-ठिकाना लगा देंगे। मेरा ठिकाना वे लगाते भी क्या, उनकी ज़िन्दगियाँ ठिकाने लगी रहें, और घर की मशीन जैसे-तैसे चलती रहे, इसके लिए मुझे ही हर महीने मनीऑर्डर में तेल डालकर भेजना पड़ता था। सब ओर से असुरक्षित और असहाय होकर ही मैंने ज़िन्दगी के सत्ताईस साल पूरे कर लिए और एकाएक ही मुझे लगने लगा कि नहीं, इस तरह अब और नहीं चलेगा। हर रोज़ हज़ार-हज़ार इच्छाएँ मुँह बाये खड़ी रहतीं और मैं उनके सामने ढेर हो जाती। आख़िर मैंने अपनी नाक और आँखों को कुछ अधिक सजग और तेज़ कर लिया। बस, ऐसा करते ही मुझे हर नौजवान की नज़रों में अपने लिए विशेष संकेत दिखने लगे और उनकी बातों में विशेष अर्थ और आमंत्रण की गंध आने लगी। तभी भिड़ गया शिंदे। उसके तो संकेत भी बहुत साफ़ थे...निमंत्रण भी बहुत खुला। लगा, किस्मत ने छप्पन पकवानों से भरी थाली मुझ भुक्कड़ के आगे परोसकर रख दी है। सो मैंने न उसका आगा-पीछा जानने की कोशिश की और न अपना आगा-पीछा सोचने की। बस, आँख मूँदी और प्रेम की डगर पर चल पड़ी।

हर प्रेम की शुरुआत क़रीब-क़रीब एक-सी होती है। प्रेमियों को वे सारी बातें चाहे जितनी रोमांचकारी और गुदगुदानेवाली लगें, देखने-सुननेवालों को बड़ी उबाऊ और सपाट लगने लगती हैं। घबराइए नहीं, मैं आपको उन बातों से क़तई बोर करने नहीं जा रही। बस, इतना ही समझ लीजिए कि शामें हमारी किसी रेस्तराँ के नीम-अँधेरे कोने में बीततीं, तो कभी बाग के झुरमुट के बीच। कभी हम आपस में उँगलियाँ उलझाए रहते, तो कभी वह मेरी लटों

से खिलवाड़ करता रहता। एक बार उसने कविता में मेरे बालों की उपमा बदली से दे दी। बस, फिर क्या था, मैं जब-तब गोदी में रखे उसके सिर पर झुककर बदली छितरा देती और वह उचककर...

यह क्या, आपकी आँखों में तो अविश्वास भर आया। मैं समझ गई। एक सीनियर अधिकारी और ऐसी छिछोरी फ़िल्मी हरक़तें। पर सच मानिए, अब भी मैं दावे के साथ कह सकती हूँ कि यहाँ के हर पुरुष के भीतर एक ऐसा ही फ़िल्मी हीरो आसन मारे बैठा रहता है जब तक वह पूरी तरह तृप्त न हो जाए, मरता नहीं। उम्र के किसी भी दौर पर, उस समय चाहे वह छह बच्चों का बाप ही क्यों न हो...ज़रा सा मौक़ा मिलते ही भड़भड़ाकर जाग उठता है और पूरी तरह अपनी गिरफ़्त में जकड़ लेता है। फिर तो बड़ी-बड़ी तोपें तक ऐसी बचकाना और बेवकूफाना हरकतें करती हैं कि बस, तौबा! न कोई शर्म, न उम्र का लिहाज! आजकल की लड़कियों ने इस राज़ को अच्छी तरह समझ लिया है, इसलिए वे शादी करते ही हनीमून जाने को लग जाती हैं। फिर किसी पहाड़ी जगह में, सारे नाज़-नखरों के साथ, फ़िल्मी अदाकारी की तर्ज़ पर प्रेम के ऐसे-ऐसे दिलकश दाँवपेंच दिखाती हैं कि हीरो साहब पूरी तरह ढेर! कम-से-कम आगे के दस साल तो सुरक्षित। पर हनीमून की नौबत तो शादी के बाद ही आती है न। मैं तो उन बहनों को सावधान करना चाहती हूँ, जो शादी के पहले ही से इस हीरो के चंगुल में आकर अपने को चौपट कर लेती हैं।

माफ़ कीजिए, फिर बहक गई! क्या करूँ? चाहती हूँ इस प्रसंग की एक-एक बारीक़ी आपको समझा दूँ। वरना इस चक्कर में फँसने के बाद तो समझ एकदम भोंथरी हो जाती है, जैसे मेरी हो गई थी। हाँ, तो मेरा और शिंदे का प्रेम चल निकला। एक बात साफ़ कर दूँ, बहुत ज़रूरी है। आप कहीं यह न समझ लें कि मैं शिंदे से इसलिए प्रेम करने लगी थी कि वही मेरा बॉस था और उसके प्रेम के प्रकाश में मुझे अपना कैरियर दिपदिपाता हुआ दिखाई देता। नहीं, प्रेम जैसी पवित्र चीज़ को मैं घटिया क़िस्म के स्वार्थों से अलग करके ही देखती थी। तभी तो पूरे आठ साल तक शिंदे के प्रेम की अखंड जोत जलाए अपने को होम करती रही।

लीजिए, आप हँस रही हैं। क्या करूँ, मुश्किल यह है कि टुच्चे लोगों ने प्रेम में निहायत ही घटिया क़िस्म की घालमेल करके उसे इतना हल्का, झूठा और बाज़ारू बना दिया है कि उसके असली रूप की बात करते ही

लोग हँसने लगते हैं। पर आप मेरी बात का यक़ीन मानिए...मेरा प्रेम क़तई-क़तई कैरियर-ओरिएंटेड नहीं था। बड़ी मुश्किल से पाए हुए अपने इस विवाहित जीवन को दाँव पर लगाकर, अपनी जो यह दुःख भरी गाथा सुना रही हूँ, वह भी केवल उन्हीं बहनों के लिए, जो प्रेम को मीराबाई के भाव से ग्रहण करती हैं।

हाँ, तो मैं पूरी तरह शिंदेमयी हो गई, पर तभी एक भयंकर झटका लगा। बल्कि कहूँ कि जो लगा, उसके लिए झटका शब्द हल्का ही है। मालूम पड़ा कि शिंदे के एक अदद बीवी है, जो पहली बार पुत्रवती बनकर पाँच महीने बाद अपने मैके से लौटी है यानी एक अदद बीवी और एक अदद बच्चा। मुझे तो सारी दुनिया ही लड़खड़ाती नज़र आने लगी। लगा, मैं बहुत बड़ा धोखा खा गई हूँ। मेरे भीतर ग़ुस्सा बुरी तरह बलबलाने लगा। इसने यह बात बताई क्यों नहीं ? और बीवी-बच्चे के रहते मेरी ओर प्रेम का हाथ बढ़ाने का मतलब ? मैंने जब भी उससे घर और घरवालों के बारे में पूछा, वह तीन-चार शेर दोहरा दिया करता था, जिनका शाब्दिक अर्थ होता था, 'मेरा न कोई घर है न दर, न कोई अपना न पराया। इस ज़मीन और आसमान के बीच मैं अकेला हूँ, बिल्कुल अकेला', पर मेरे लिए इन शेरों का सीधा-सादा अर्थ था—हरी झंडी, लाइन क्लीयर। सो मैं सपाटे से चल पड़ी। बल्कि चलने में थोड़ी फुर्ती भी की। आप तो जानती ही होंगी कि इस उम्र तक शादी न होने पर लड़कियों में एक खास तरह की हड़बड़ाहट आ जाती है। चाहती हैं, जैसे भी हो, जल्दी-से-जल्दी प्रेमी को पूरी तरह क़ब्ज़े में करके, पति बनाकर अपनी टेंट में खोंस लें। झूठ नहीं बोलूँगी। मैं भी इसी नेक इरादे से लपक रही थी कि बीच में ही औंधे मुँह गिरी।

पर गिरने नहीं दिया शिंदे ने। हाथों-हाथ झेल लिया। ग़ुस्से से मैं पगला रही थी और आँखों से आँसुओं की झड़ी लगी हुई थी। मन हो रहा था, सामने बैठे इस आदमी की चिंदिया बिखेरकर रख दूँ और फिर कभी इसकी सूरत नहीं देखूँ। पर उसने बिना किसी बात का मौका दिए मुझे बाँहों में भर लिया और धुआँधार रोने लगा, "पिता के दबाव में आकर की हुई शादी मेरे जीवन की सबसे बड़ी ट्रेजेडी बन गई...बीवी के रहते भी मैं कितना अकेला हूँ...दो अजनबियों की तरह एक छत के नीचे रहने की यातना..." ऐसी-ऐसी बातों के न जाने कितने टुकड़े आँसुओं से भीग-भीगकर टपक रहे थे। मेरा विवेक मुझसे संकल्प करवा रहा था कि लौट जाओ, इस दिशा में अब एक क़दम

भी आगे मत बढ़ो। मैं रो-रोकर अपना संकल्प दोहरा रही थी। वह रो-रोकर अपना दुख दोहरा रहा था।

इसी तरह हम दो-तीन बार और मिले। वही बातें, वही रोना। मैंने सोचा था कि आँसुओं के साथ मैं अपना सारा प्रेम और ग़म भी बहा दूँगी और हमेशा के लिए अलविदा कहकर लौट जाऊँगी। पर हुआ एकदम उल्टा। आँसुओं के जल से सिंचकर प्रेम की बेल तो और ज़्यादा लहलहा उठी। अब देखिए न, मीरा का पद—'अँसुवन जल सींच-सींच...' बचपन से पढ़ा था। पर हम सबकी ट्रेजेडी यही है कि स्कूली शिक्षा को जीवन में गुनते नहीं। शिक्षा एक तरफ़, जीवन एक तरफ़ इसीलिए ठोकर खाते हैं। यही हुआ। उसका दुखी और दयनीय चेहरा देखकर मेरे मन में प्रेम का ज्वार उमड़ने लगा। उसके आँसुओं ने प्रेम को इतना गीला और रपटीला बना दिया कि वापस मुड़ने को तैयार मेरा पैर, अपने-आपको स्वाहा करने के लिए आगे बढ़ गया।

पर इतना सब करने के बावजूद मेरी आँखों में जब-तब सन्देह और आशंका के डोरे उभर आते। मेरी पकड़ में पहले जैसी मज़बूती नहीं रह गई, शिंदे इस मैदान का पक्का खिलाड़ी था। मेरे असमंजस और दुविधा को चट भाँप गया। केवल भाँप ही नहीं गया, वरन उसने यह भी महसूस कर लिया कि बीवी की उपस्थिति से हमारे प्रेम में आपातकालीन स्थिति पैदा हो गई है। अब यदि उसे बचाकर रखना है, तो प्रेम करने के तरीके में एक क्रांतिकारी परिवर्तन लाना होगा। बिना उसके मामला चलनेवाला नज़र नहीं आ रहा था। रेस्तराँ और बाग-बगीचों के बीच तो यह परिवर्तन आ नहीं सकता था, इसलिए बड़ी शिद्दत के साथ एक कमरे की तलब महसूस होने लगी। वैसे पहले भी कई बार वह इस अपनी तरह की इच्छा और ज़रूरत का इज़हार कर चुका था, पर मैंने हमेशा दो टूक जवाब पकड़ा दिया। आप विश्वास करें या न करें, पर निश्चय ही मैं पहले बड़े संस्कारोंवाली लड़की थी। हर तरह की मर्यादा में मेरा पूरा विश्वास था। उस तरह के आमंत्रण को मैं स्वीकार कर ही नहीं सकती थी। पर स्थिति ने मुझे बेहद-बेहद कमज़ोर बना दिया था और मैं सोचने लगी थी कि यदि पूरी तरह पाना है तो अपने को पूरी तरह देना भी पड़ेगा।

तीन-चार कमरा-मुलाक़ातों में ही मैंने समझ लिया कि इन मुलाक़ातों के कारण उसके भीतर किसी तरह का अपराध-बोध, या कुछ ग़लत करने

का भाव लेशमात्र भी नहीं है। वह काफ़ी तृप्त और छका हुआ लगता था। मुझे समझते देर नहीं लगी कि शरीर के स्तर पर भी मैंने अपने को उसके लिए अनिवार्य बना लिया है। मुझे पक्का विश्वास हो गया कि मेरा यह समर्पण तुरूप के इक्के की तरह कारगर सिद्ध होगा और बाज़ी मेरे हाथ। निश्चय ही इन मुलाक़ातों ने मेरे प्रेम को बड़ी मज़बूत बैसाखियाँ थमा दीं और मेरे लड़खड़ाते क़दम फिर जम गए।

वह मेरे साथ भविष्य की योजनाएँ बनाता, पर उन्हें अमल में लाए, तब तक के लिए एक मौन समझौता हम लोगों के बीच हो गया। अपना शरीर, अपनी भावनाएँ उसने मेरे ज़िम्मे कर दीं और घर, बच्चा, बूढ़ा बाप और सारी पारिवारिक खिचखिच बीवी के जिम्मे। इस विभाजन में मैं कुछ समय के लिए परम प्रसन्न। यों भी इस उम्र में आदमी को सबसे ज़्यादा भरोसा अपने शरीर पर ही होता है। शरीर पा लिया, समझो दुनिया-जहान हथिया लिया। ऊपर से मुझे वह कभी बातों से, तो कभी कविताओं से समझाता रहता कि मन और शरीर की पवित्र भूमि पर ही असली प्रेम पनपता है। घर की चहारदीवारी के बीच निरंतर होनेवाली खिचखिच में तो वह मरता ही है। मैं समझती रहती और अपने को बहुत पुख़्ता ज़मीन पर महसूस करती। वह बातें ही ऐसी करता कि सन्देह की कोई गुंजाइश नहीं छोड़ता। मुझे पूरा विश्वास था कि एक दिन वह खूँटे से उखड़कर मेरी गिरफ़्त में आ जाएगा।

बीवी की याद और बात से ही शिंदे अपना चेहरा एकदम मायूस बना लेता और बिना कहे ही मेरे दिमाग़ में यह बिठाने की कोशिश करता कि बीवी बनते ही औरत बहुत उबाऊ और त्रासदायक बन जाती है...कि रिश्तों में बँधते ही प्रेम नीरस और बेजान हो जाता है...कि सच्चे प्रेमियों को तो हमेशा मुक्त ही रहना चाहिए। मैं इन सब बातों को सुनती-समझती तो सही, पर गले नहीं उतार पाती, क्योंकि बीवी बनने की ललक जब-तब मेरे भीतर जोर मारती थी। सच बात है, मुझे तो घर भी चाहिए था, पति भी और बच्चे भी। पर उसे तो जैसे बीवी नाम से ही चिढ़ हो गई थी। कभी-कभी तो वह अपनी बीवी के कर्कश स्वभाव और तुनकमिज़ाजी की बात करते-करते रो तक पड़ता। तब मैं लपककर उसे बाँहों में भरती, अपने होंठों से उसके आँसू पोंछती और उसे हौसला बँधाती कि जल्दी ही हम कुछ ऐसा करेंगे कि वह इस दुख से मुक्त हो...कि मैं उसे एक सही, सुखद जिन्दगी दूँगी। यह आश्वासन उसके लिए कम, मेरे अपने लिए ज़्यादा होता था।

दिन सरकते जा रहे थे और अपने प्रेम के तरीके में क्रांतिकारी परिवर्तन लाने के बावजूद स्थिति जहाँ-की-तहाँ थी यानी कि मैं अपने हॉस्टल के कमरे में बन्द, शिंदे अपनी बीवी की मुट्ठी में। साल-भर पहले का जागा आत्मविश्वास फिर डगमगाने लगा और मुझे लगा कि अब कोई धाँसू कार्यक्रम अपनाना पड़ेगा।

आज सोचती हूँ तो अपने पर ही सौ-सौ धिक्कार के साथ आश्चर्य भी होता है कि कैसे मेरी बुद्धि पर ऐसा मोटा परदा पड़ गया था कि यह भी नहीं सोच सकी कि उसकी बीवी भी आख़िर मेरी तरह ही एक स्त्री है... अपने पति के छलावे और मक्कारी की शिकार। पर नहीं, यह तो तब समझ में आया जब उसकी मक्कारी ने मुझे तबाही के कगार पर ला पटका। झूठ नहीं बोलूँगी, उस समय तो उसके प्रेम में अंधी होने के कारण, वह जो कुछ भी कहता-समझाता, मुझे उस पर पूरा यकीन ही नहीं होता बल्कि मैं भी उसी की तरह दुनिया-भर के छल-छंद सोचा करती। तभी तो मैंने सोचा कि उसकी बीवी को हमारे प्रेम-प्रसंग की जानकारी तो अवश्य होगी...वह काफ़ी दुखी भी होगी...क्यों न मैं जब-तब वहाँ उपस्थित होकर उसके त्रास को इतना बढ़ा दूँ कि वह खुद ही इस अपमानजनक स्थिति को नकारकर अलग हो जाए। रक़ीब को सामने देखकर अच्छों-अच्छों के हौसले पस्त हो जाते हैं, फिर अपमान और उपेक्षा की आग में झुलसी इस औरत का हौसला ही क्या होगा! और यही सोचकर आख़िर मैं एक दिन शिंदे के घर जा धमकी।

एक सुहागिन औरत की सारी नियामतों यानी कि बूढ़े ससुर के वरदहस्त की छत्र-छाया और बच्चे के पोतड़ों की बन्दनवार के बीच, दूधों नहाई पूतों फली भाव से वह कुर्सी पर विराजमान थी। मुझे देखकर उसके चेहरे पर किसी तरह का कोई विकार नहीं आया। बस, सहजता में लिपटा एक प्रश्नवाचक उभरा और 'हरखू, इन्हें बिठाओ और साहब से बोलो, कोई मिलने आया है' के साथ बिला गया। विकार तो मुझे देखकर शिंदे के चेहरे पर आया, जिसे उसने थोड़ी-सी कोशिश करके अफ़सरी नकाब के नीचे ढक लिया। दफ़्तरी भाषा में दफ़्तरी बातें करके उसने मुझे चलता किया। पर बाहर निकलते समय हाथ दबाकर लाड़ में लिपटी हल्की-सी फटकार के साथ शाम को कमरे पर आने का निमंत्रण भी दे दिया।

मैं उसकी बीवी को त्रस्त करने गई थी, पर खुद ही त्रस्त और पस्त

होकर लौटी। मुझे आश्चर्य हो रहा था कि वह औरत है या मांस का लौंदा? इसका आदमी तीन साल से एक दूसरी लड़की के साथ मस्ती मार रहा है और इसे न कोई तकलीफ़, न कष्ट! मैं इसकी जगह होऊँ तो शायद एक दिन भी इस तरह की अपमानजनक स्थिति को बर्दाश्त न करूँ। इसके शरीर पर चमड़ी लिपटी है, या गैंडे की खाल? यह तो मुझे बाद में अपने अनुभव ने सिखाया कि अधिकतर शादी-शुदा औरतें ऐसी होती हैं, जिन्हें अपने घर की दीवारों से बेहद लगाव होता है। इतना ज्यादा कि धीरे-धीरे उन दीवारों को ही अपने शरीर के चारों ओर लपेट लेती हैं। फिर मान-सम्मान के सारे हमले उनसे टकराकर बाहर ही ढेर हो जाते हैं और वे उनसे बे-असर सती-साध्वी-सी भीतर सुरक्षित बैठी रहती हैं।

शाम को शिंदे मुझ पर एकदम बरस पड़ा कि मैंने उसके घर जाने की मूर्खता क्यों की? कितना चौकस रहना पड़ता है उसे हर समय, जिससे उसकी बीवी को इस प्रसंग की हवा भी न लग सके, वरना तो वह शूर्पनखा की तरह ऑफ़िस, परिवार और सारे शहर में हड़बौंग मचाकर रख देगी। मौका लगा तो मेरा झोंटा पकड़कर सड़क पर जूते लगवाएगी, और बड़ी चालाकी से उसने मेरे मन में अपनी पत्नी के लिए, जिसे वह अक्सर कोतवाल कहता था—ढेर सारी नफ़रत और आक्रोश भर दिया। साथ ही जल्दी करने की अपनी नादानी-भरी मूर्खता पर मुझे बेहद शर्मिंदा भी किया।

देखा आपने कि कैसे शातिराना अंदाज से पुरुष नफ़रत और ग़ुस्से की सुई अपनी ओर से सरकाकर दोनों औरतों की ओर घुमा देता है। वे ही आपस में लड़ें-भिड़ें, कोसें-गलियाएँ और वह जो असली गुनाहगार है, अपने पर आँच आए बिना आराम से दोनों का सुख भोगता रहे। पर उस समय तो मैं जब-जब बहुत अधीर होती, वह समझाता कि सहजीवन का मधुरतम पक्ष तो हम भोग ही रहे हैं, मैं क्यों बेकार में शादी-ब्याह और घर में जकड़कर इस मधुर सम्बन्ध का गला घोंटना चाहती हूँ। और इसी चक्कर में वह मधु उँड़ेलती हुई तीन-चार फड़कती कविताएँ मेरे नाम ठोंक देता। मीठी-मीठी पप्पियों के बीच बड़ी ऊँची-ऊँची बातें मेरे ज़हन में बिठा देता। कुछ समय के लिए मुझे लगने लगता कि मैं आम औरत से कुछ अलग, कुछ विशिष्ट, कुछ ऊँची हूँ। मेरे कंधों पर स्त्री-पुरुष के सम्बन्धों को एक नई दिशा देने का दायित्व है। अगली पीढ़ी अधिक स्वस्थ, अधिक मुक्त ज़िन्दगी

जी सके, इसके लिए हमें पहल करनी होगी, एक उदाहरण रखना होगा—चाहे उसके लिए हमें खाद ही क्यों न बनना पड़े। शिंदे तो ये बातें झाड़कर मज़े से अपनी बीवी का बगलगीर हो जाता और मैं असली अर्थों में खाद बनी अपने कमरे में सड़ती रहती।

तभी शिंदे का तबादला हो गया। मैं एक बार फिर डगमगा गई। मुझे लगा कि बस, अब यह मेरी ज़िन्दगी से निकला। रो-रोकर मेरा बुरा हाल था, पर फिर उसने मुझे हाथों-हाथ झेल लिया। एक नई योजना से मेरे आँसू पोंछ दिए। तय हुआ कि नई जगह अभी वह अकेला ही जाएगा और उसके जाने के तीन-चार दिन बाद मेडिकल-लीव लेकर मैं उसके पास पहुँच जाऊँगी। उसने मुझे बताया कि उसने यह तबादला करवाया ही इसलिए है कि शहरी तबादला उसकी ज़िन्दगी के तबादले की भूमिका बन जाए। यह तो मुझे बाद में मालूम पड़ा कि शिंदे ने तबादला इसलिए करवाया था कि हमारे सम्बन्धों की सुरसुराहट उसकी बीवी के कानों तक पहुँचने लगी थी। बात पूरी तरह खुले, उसके पहले ही वह शहर छोड़ देना चाहता था। पर मैं तो यह समझकर कि केवल मेरी खातिर शिंदे ने बड़े शहर की बड़ी सम्भावनाओं को छोड़ छोटी जगह चुनी है, एकदम निहाल हो गई और उसकी बातों के जादू में बँधी-बँधी एक सप्ताह बाद ही उसके पास पहुँच गई।

आपको बहुत ग़लत लग रहा है न? लगना ही चाहिए। अब तो मुझे भी लगता है। पर उस समय तो बस, शिंदे में ही प्राण बसते थे...लगता था, उसके बिना जी नहीं सकूँगी। ग़लत-सही की समझ ही कहाँ रह गई थी। मैं उसे पाना चाहती थी और वह मुझे खोना नहीं चाहता था।

उसके साथ होटल में गुज़ारे वे दिन। मैं तो भूल ही गई कि हम दोनों के बीच कोई तीसरा भी है। तबीयत एकदम लहलहा उठी। इस बार उसने बाक़ायदा योजना बनाई कि पत्नी को अब यहाँ न बुलाकर उसके पिता के घर भेज देगा। और धीरे-धीरे उसे कानूनी कार्रवाई करने के लिए राजी कर लेगा...यदि नहीं हुई तो, मजबूर करेगा।

पंखों पर सवार होकर मैं लौटी थी। आँखों में उसने ढेर सारे सपने आँज दिए थे और उठते-बैठते मुझे अपना स्वीट-होम ही दिखाई देता। मैंने उसे एक फड़कता हुआ प्रेम-पत्र लिखा। बातों का तो वह बादशाह था ही, पत्र लिखने में भी उसे कमाल हासिल था। शरीरों में जो दूरी आ गई थी, उसे वह पत्रों की भाषा में पाटता रहा। पत्रों में मुझे वह 'दिव्य-प्रेम' का

दर्शन समझाता। मेरे जन्मदिन पर अपने इसी दिव्य-प्रेम में डुबोकर उसने एक खूबसूरत-सा तोहफा मेरे लिए भेजा। कभी वह चाँदनी रात के गीत लिखकर भेजता, तो कभी साथ बिताए मधुर क्षणों की याद को ताजा करनेवाली कविताएँ।

जानता था कि इन बातों से मुझे तसल्ली नहीं होगी, इसलिए तसल्ली देने के लिए वह खुद सशरीर आ पहुँचा। ऑफ़िस का काम निकालकर वह जब-तब आ ही जाया करता था। उसने आँखों में सचमुच के आँसू भरकर कहा कि मैं ही शिंदे की प्राण हूँ, शिंदे की प्रेरणा हूँ। घर-परिवार के अतिरिक्त शिंदे का जो कुछ भी है—और वही तो असली शिंदे है—वह उसने मुझे पूरी तरह सौंप रखा है और तुरन्त उसने अपनी बात का प्रमाण पेश कर दिया—मुझे समर्पित किया हुआ अपना नया कविता-संग्रह। हाथ से लिखा हुआ था—'प्राण को'।

उसकी प्रेरणा और प्राण बनने का हश्र यह हुआ कि वह तो दिन-दूना, रात-चौगुना फलता-फूलता रहा। धन-यश-सफलता, मान-सम्मान—सभी का मालिक और मैं भीतर-ही-भीतर झुलसकर काठ का कुन्दा हो गई। सब ओर से मरी, मुरझाई, टूटी और पस्त! मैं समझ गई कि मैं बुरी तरह ठगी गई हूँ।

धीरे-धीरे उम्र की बढ़ोतरी और ऑफ़िस और दुनियादारी की निरंतर बढ़ती ज़िम्मेदारियों के बीच शिंदे की रोमानी ज़रूरत घटती चली गई। परिणाम यह हुआ कि हमारे बीच चलनेवाले पत्रों की संख्या कम और मज़मून मौसम के सर्द-गर्म होने पर आकर टिक गया। और फिर एक दिन उसके पास से गृह-प्रवेश का निमंत्रण-पत्र मिला। जाने का कोई तुक नहीं था, फिर भी मैं चली गई। महज़ सारी स्थिति का ज़ायजा लेने के लिए।

लम्बा-चौड़ा आधुनिक ढंग का बना हुआ मकान। लकदक फर्नीचर। बीवी निकलकर आई, तो लगा, यह कोई दूसरी औरत है। शरीर पर चर्बी की तीन-चार परतें चढ़ी हुईं और परम तृप्ति का एक डकार भाव सारे चेहरे पर पुता हुआ। आठ साल का एक सुन्दर-सा बच्चा भी निकलकर आया। लगा, जैसे शिंदे ने ही अपने को पूरी तरह उँडेल दिया हो उसमें। हू-ब-हू शिंदे।

और मेरा मन हो रहा था कि शिंदे के दोनों कंधे झकझोरकर पूछूँ—राम धुन की तरह 'तुम मेरी हो, तुम मेरी हो' की रट लगानेवाले शिंदे

साहब, बताइए तो, आपकी ज़िन्दगी के इस सारे तामझाम में मैं कहाँ हूँ...मैं कितनी हूँ ?

पर पूछकर अब होना ही क्या था ? मैं लौट आई, इस अहसास के साथ कि प्रेम के इस खेल में वह सधे हुए खिलाड़ी की तरह खेला और मैं निहायत अनाड़ी की तरह। आठ साल तक चलनेवाला प्रेम-प्रसंग महज़ एक खिलवाड़ था जिसकी बाज़ी बड़ी होशियारी से शिंदे ने बाँटी। भ्रमजाल के कटते ही नज़र साफ़ हुई तो बाज़ी में बँटे हुए पत्तों का यह नक्शा रह-रहकर आँखों में उभरने लगा :

तुरूप का इक्का यानी घर...उसके पास
तुरूप का बादशाह यानी बच्चा...उसके पास
तुरूप की बेगम यानी बीवी और
प्रेम करने के लिए प्रेमिका...उसके पास
तुरूप का गुलाम यानी नौकर-चाकर
गाड़ी-बँगला...उसके पास

लब्बोलुबाब यह कि तुरूप के सारे पत्ते उसके पास और मुझे मिले उसके दिए हुए छक्के-पंजे, यानी टोटके की तरह पुड़िया में बँधे, दार्शनिक लफ़्फ़ाजी में लिपटे हवाई प्यार के चंद चुमले। इन टटपूँजिया पत्तों के सहारे मैं ज्यादा-से-ज्यादा इतने ही कर सकती थी कि ज़िन्दगी-भर उसकी पूँछ पकड़े रहती और उसे ही अपनी उपलब्धि समझ-समझकर सन्तोष करती। मन बहुत घबराता, तो उसी पूँछ से हवा करके उसके साथ बिताए मधुर क्षणों पर जमी समय की धूल उड़ाकर कुछ समय के लिए अपना खालीपन भर लेती।

पर भला बताइए, इससे कहीं जिन्दगी चल सकती थी ? यह तो लाख-लाख शुक्र है ख़ुदा का कि मेरी तहस-नहस ज़िन्दगी को नए सिरे से सँवारने के लिए...

लेकिन छोड़िए, इस प्रसंग की कोई ज़रूरत नहीं। निहायत हवाई बातें पल्ले से बाँधे-बाँधे मैंने अपनी ज़िन्दगी को बरबादी के कगार पर ला पटका था। अब चाहती हूँ, ठेठ दुनियादारी की बातें अपनी हज़ार-हज़ार मासूम किशोरी बहनों के पल्ले से बाँध दूँ, जिससे वह मेरी तरह भटकने से बच जाएँ।

- इस देश में प्रेम के बीज मन और शरीर की 'पवित्र भूमि' में नहीं, ठेठ घर-परिवार की उपजाऊ भूमि में ही फलते-फूलते हैं।

- भूलकर भी शादीशुदा आदमी के प्रेम में मत पड़िए। 'दिव्य' और 'महान' प्रेम की खातिर बीवी-बच्चों को दाँव पर लगानेवाले प्रेम-वीरों की यहाँ पैदावार ही नहीं होती। दो नावों पर पैर रखकर चलनेवाले शूरवीर ज़रूर सरेआम मिल जाएँगे।
- हाँ, शादीशुदा औरतें चाहें, तो भले ही शादीशुदा आदमी से प्रेम कर लें। जब तक चाहा प्रेम किया, मन भर गया तो लौटकर अपने खूँटे पर।
- न कोई डर, न घोटाला, जब प्रेम में लगा हो शादी का ताला।

एक बार और

सारा सामान बस पर लद चुका है। बस छूटने में पाँच मिनट बाकी हैं। ड्राइवर अपनी सीट पर आकर बैठ गया है। सामान को ठीक से जमाकर कुली नीचे उत्तर आया है और खड़ा-खड़ा बीड़ी फूँक रहा है। अधिकतर यात्री बस में बैठ चुके हैं, पर कुछ लोग अभी बाहर खड़े बिदाई की रस्म अदा कर रहे हैं। अड्डे पर फैली इस हल्की-सी चहल-पहल से अनछुई-सी बिन्नी चुप-चुप कुंज के पास खड़ी है। मन में कहीं गहरा सन्नाटा खिंच आया है। इस समय कोई भी बात उसके मन में नहीं आ रही है, सिवाय इस बोध के कि समय बहुत लम्बा ही नहीं, बोझिल भी होता जा रहा है। लग रहा है जैसे पाँच मिनट समाप्त होने की प्रतीक्षा में वह कब से यहाँ खड़ी है। कुंज के साथ रहने पर भी समय यों भारी लगे, यह एक नई अनुभूति है, जिसे महसूस करते हुए भी स्वीकार करने में मन टीस रहा है।

"पान खाओगी?"

"नहीं।"

"कुछ पिपरमेंट की गोलियाँ पर्स में रख लो।"

"मुझे चक्कर नहीं आते।"

"टिकट ठीक से रख लिया न?"

"हूँ।"

ये औपचारिक वाक्य दोनों के बीच घिर आए मौन को तोड़ने में कितने

असमर्थ हैं, दोनों ही इस बात को जान रहे हैं, पर मौन तोड़ने के लिए शायद कुछ और है भी नहीं।

अब से कोई पाँच घंटे पहले चाय पीते-पीते बिन्नी ने बिना किसी प्रसंग और भूमिका के कहा था, ''कुंज, मैं आज ही वापस लौट जाऊँगी।''

''क्यों?'' हल्के-से विस्मय से उसने पूछा था।

''बस, अब लौट ही जाऊँगी?'' चाय के साथ-ही-साथ आँसुओं का घूँट-सा पीते हुए उसने कहा था, तब स्वयं उसके मन में भी शायद यह बात नहीं थी कि आज उसे चल ही देना पड़ेगा।

''तुम तो लम्बा प्रोग्राम बनाकर आई थीं न?'' कुंज के स्वर में जैसे नमी आ गई थी, पर उसे रोकने का आग्रह या मनुहार जैसी कोई बात नहीं थी। उसके चेहरे के रह-रहकर बदलते भावों से उसके मन की दुविधा का आभास ज़रूर मिल रहा था। बिन्नी बूँद-बूँद चाय सिप करके अकारण ही समय को खींच रही थी। तभी बैरा अख़बार दे गया तो कुंज को जैसे एक सहारा मिल गया।

बिन्नी उठी और सूटकेस ठीक करने लगी। अधिकतर साड़ियों की तह भी नहीं खुली थी, फिर भी बिन्नी उन्हें निकाल-निकालकर जमाने लगी। हर क्षण उसे लगा था कि कुंज दोनों के बीच खींच आए इस तनाव को तोड़कर उसे बुरी तरह डाँटेगा और ग़ुस्से में आकर सूटकेस का एक-एक कपड़ा निकालकर बाहर फैला देगा। पर ऐसा कुछ नहीं हुआ। बड़ी देर तक बिन्नी इधर के कपड़े उधर करती रही, फिर जाकर खिड़की पर खड़ी होकर नीचे से गुज़रते सैलानियों को देखती रही और कुंज बड़े निरर्थक से कामों में अपने को व्यस्त बनाए रखने का अभिनय करता रहा और उस समय का मौन यहाँ तक खिंचा चला आया।

कंडक्टर ने सीटी बजाई। बिन्नी ने देखा कि एक बड़ी ही निरीह-सी कातरता कुंज के चेहरे पर उभर आई है। बिन्नी का अपना मन बहने-बहने को हो आया, पर अपने को भरसक साधती-सी बस में चढ़ने लगी। कुंज ने हल्के-से उसकी पीठ पर हाथ रखकर उसे सहारा दिया। बस स्टार्ट हुई तो कुंज ने कहा, ''पहुँचकर लिखना।'' बिन्नी से स्वीकृति में सिर भी नहीं हिलाया गया।

बस चल पड़ी तो उसके खाली मन पर आक्रोश, निराशा अवसाद और आत्मग्लानि की परतें जमने लगीं। आँसुओं को आँख की कोरों में ही पीते

हुए वह बाहर देखने लगी। मोड़ पर एक बार उसने पीछे की ओर मुड़कर देखा। बस धूल के जो गुबार छोड़ आई थी, उनके बीच कुंज का सिर दिखाई दिया। पता नहीं वह किस ओर देख रहा था। मोड़ के साथ ही बस ढलान पर चलने लगी। चारों ओर फैली हुई पहाड़ियों और उनके बीच अँगड़ाई लेती हुई सुनसान घाटियाँ। कुंज ऊपर ही छूट गया है, और बस उसे तेज़ी से नीचे की ओर ले जा रही है, नीचे-नीचे।

पीछे कोई बराबर खाँस रहा है, जैसे दमे का मरीज़ हो। इस लगातार की खाँसी से बिन्नी को बेचैनी होने लगी। उसने पीछे मुड़कर देखा। सबसे पिछली सीट पर एक बूढ़ा पैर ऊपर उठाए, घुटनों में मुँह छिपाए लगातार खाँसे जा रहा है। थोड़ी देर में उसकी खाँसी बन्द हो गई, तो बिन्नी बड़ी बेकली से उसके फिर से खाँसने की प्रतीक्षा करने लगी। जब फिर खाँसी चलने लगी तो उसे जैसे राहत मिली और हर बार यही होता, उसके खाली मन को टिकाने के लिए जैसे एक सहारा मिल गया।

बस से उतरी तो बिन्नी को लगा, जैसे उसका सिर बहुत भारी हो गया है। हवा वास्तव में शायद उतनी गरम नहीं थी, जितनी पहाड़ से आनेवालों को लग रही थी। बिन्नी ने वेटिंग-रूम में जाकर हाथ-मुँह धोया, सिर पर ढेर सारा ठंडा पानी डाला और पंखे के नीचे बैठ गई।

प्लेटफ़ार्म पर इस समय सन्नाटा-सा ही था। बस से उतरे हुए यात्री वेटिंग-रूम में समा गए थे। नीली वर्दीवाला कोई-कोई खलासी इधर-उधर आता-जाता दिखाई दे जाता था।

धीरे-धीरे साँझ उतरने लगी तो बिन्नी की आँखों में कल की साँझ उतर आई।

हवा में काफ़ी ठंडक थी फिर भी चढ़ाई के कारण बिन्नी और कुंज के चेहरे पर पसीने की बूँदें झलक आई थीं। बिन्नी चुपचाप चल रही थी, अपने में ही डूबी, आत्मलीन-सी।

कुंज शायद समझ रहा था कि फूली हुई साँस के कारण उससे कुछ बोला नहीं जा रहा है। पर नहीं, बिन्नी के पास उस समय बोलने के लिए कुछ था ही नहीं। केवल यह अहसास था कि सारी बात खिंचकर ऐसे बिन्दु पर आ गई है, जहाँ शायद कहने-सुनने के लिए कुछ भी नहीं रह जाता।

''कहीं बैठा जाए अब तो...'' चुप-चुप चलने से ऊबकर बिन्नी ने कहा।

''बहुत थक गईं?''

"हाँ, अब तो सचमुच बहुत थक गई।" और जब उसने कुंज की कुछ टटोलती-सी नज़रों को अपने चेहरे पर टिका पाया तो उसे लगा जैसे कुंज ने उसकी बात को किसी और ही अर्थ में ग्रहण किया है।

बैठते ही कुंज ने उसका हाथ अपने हाथ में ले लिया। यह स्पर्श, होश सँभालने के बाद पुरुष-स्पर्श से उसका परिचय इस स्पर्श ने ही कराया था। इसी स्पर्श ने भीतर तक गुद-गुदाकर और रोम-रोम में बसकर उसे उठते यौवन का अहसास कराया था। आज एकाएक ही कितना अपरिचित हो उठा है यह स्पर्श—सर्द और निर्जीव।

फिर भी उसने अपना हाथ खींचा नहीं। सूनी-सूनी नज़रों से सामने फैली पहाड़ियों और नीचे उतरती घाटियों को ही देखती रही। कुंज का हाथ थरथराने लगा। वह समझ गई कि कोई बात है जो उसके भीतर घुमड़ रही है। पहले जब कभी उसे इस बात का आभास भी मिलता था तो कितनी उत्सुक हो उठती थी वह जानने के लिए। आज वह न कोई उत्सुकता दिखा रही है, न आग्रह कर रही है। भीतर-ही-भीतर तो वह जानती भी है कि कुंज क्या बात करेगा। उसने मधु का पत्र पढ़ लिया था। शायद कुंज ने जान-बूझकर ही ड्रेसिंग-टेबिल पर वह पत्र छोड़ दिया था, जिससे कि बिन्नी स्वयं सारी स्थिति समझ ले। फिर भी आशंका और आशा का मिला-जुला भाव बिन्नी के मन में रह-रहकर तैर रहा है। कुंज सारी बात को किस रूप में रखता है? किस अधिकार से वह कहेगा कि 'बिन्नी तुम लौट जाओ, अपने को काट लो।' वह जानने-सुनने को उत्सुक भी है, साथ ही यह भी चाहती है कि दोनों के बीच कभी वह प्रसंग उठे ही नहीं। बस, ऐसा ही एकान्त हो, ऐसी ही निर्विघ्न शान्ति हो और इसी प्रकार कुंज उसका हाथ अपने हाथ में लिए बैठा रहे। "बिन्नी!" कुंज अटक जाता है। फिर धीरे-धीरे बिन्नी का हाथ सहलाने लगता है। बिना देखे भी बिन्नी जान लेती है कि बड़ी ही दयनीय-सी विवशता उसके चेहरे पर उभर आई है।

"बिन्नी, तुम्हीं बताओ मैं क्या करूँ? मेरी आस्था ही मेरे लिए बहुत भारी पड़ रही है। यह सब अब मुझसे चलता नहीं। यह दुहरी ज़िन्दगी, यह हर क्षण का तनाव...।" वाक्य उससे पूरा नहीं हो पाता। बचे हुए 'शब्द' स्वर के भर्राएपन में ही डूबकर रह जाते हैं।

बिन्नी कुछ नहीं कहती, केवल अँधेरे में कुंज के चेहरे पर उभर आए भावों को देखने की कोशिश करती है। विश्वास करने की कोशिश करती है

कि यह सब कुंज ही कह रहा है। भीतर-ही-भीतर कुंज के ही कुछ वाक्य टुकड़ों-टुकड़ों में गूँजते हैं—"बिन्नी, शादी मुझे इतना संकीर्ण नहीं बना सकेगी कि मैं अपने और सारे सम्बन्धों को झुठला ही दूँ। शादी अपनी जगह रहेगी और मेरा-तुम्हारा सम्बन्ध अपनी जगह!" पता नहीं उस समय इन बातों से उसने अपने को समझाया था या बिन्नी को। कुंज उसके बाद कुछ नहीं कह पाता।

थोड़ी देर बाद वह कहता है तो केवल यही, "बहुत अँधेरा घिर आया है, अब लौट चलें, वरना..."

और बिन्नी चारों ओर घिरते हुए इस अँधेरे को मन की अनेक परतों पर उतरता हुआ महसूस करती है, लौट जाने की आवश्यकता को भी महसूस करती है, पर समझ नहीं पाती कि आख़िर लौटकर जाए कहाँ?

रात आधी के क़रीब बीत चुकी है। कमरे के सारे खिड़की-दरवाज़े बन्द हैं। फायर प्लेस में जलती लकड़ियों का चट्ट-पट्ट शब्द ही कमरे के मौन को चीर रहा है। कुंज ने कमरे की बत्ती बन्द कर दी है। केवल लकड़ियों का पीला-पीला आलोक ही कमरे में थिरक रहा है, जिसके साथ दीवालों पर न जाने कैसे बेडौल-से साए काँप रहे हैं। उसे लगा वह जब भी कुंज के साथ होती है ऐसी ही बेडौल छायाएँ उसे हमेशा घेरे रहती हैं। कॉफ़ी के खाली प्याले टेबिल पर पड़े हैं और थकी-सी बिन्नी सोफ़े पर ही तकिया दबाकर अधलेटी-सी पड़ी है। सिगरेट के धुएँ के पारदर्शी बादलों के पीछे से झाँकता हुआ कुंज का चेहरा बिन्नी को एक भावहीन मूर्ति की तरह लग रहा है।

एकाएक बिन्नी को लगा जैसे बड़ी देर से वे चुपचाप बैठे हैं और इस अहसास के साथ ही उसे वह एकान्त बड़ा बोझिल लगने लगा। एकान्तिक क्षणों का मौन यों शब्दों से भी ज़्यादा मधुर होता है, पर लगा इसके पीछे तो कुछ और ही है। शायद चाहकर भी कुछ न कह पाने की विवशता, बिना सुने ही सबकुछ जान लेने की व्यथा।

कुंज सिगरेट का आख़िरी कश लेकर उसे मसलकर भरी हुई एश-ट्रे में ठूँस देता है। फिर शब्दों को ठेलता हुआ-सा वह कहता है, "बिन्नी, तुम्हें लेकर मैं अपने को बहुत अपराधी महसूस करता हूँ।" और अब अपनी बात की प्रतिक्रिया जानने के लिए बिन्नी के चेहरे की ओर देखने लगता है। बिन्नी का अपना मन हो आता है कि वह देखे कि उस पीले-पीले आलोक में उसका चेहरा कैसा लग रहा है? कुंज की सीधी नज़रें उसे हमेशा बेचैन कर

देती हैं। उसे लगता है जैसे अनायास ही कुंज की नज़रों में तुलना का भाव उभर आया है। यों किसी और के सन्दर्भ में देखे–परखे जाने की भावना हमेशा उसके मन को कचोटती है। पता नहीं कुंज के मन में यह भाव रहता भी है या नहीं, पर वह स्वयं इस भाव से कभी मुक्त नहीं हो पाती।

''तुम शादी कर लो बिन्नी। मेरी दुर्बलता की क़ीमत आख़िर तुम क्यों चुकाओ—मुझे लगता है कि जब तक मैं निर्ममता से अपने को काट नहीं लेता तुम किसी और दिशा में सोचोगी ही नहीं। इस बार मुझे कुछ निर्णय ले ही लेना चाहिए।'' और वह जैसे आँखों के आगे छई धुन्ध को दूर करने के लिए दोनों हाथों से आँखें मसलने लगता है।

एकाएक ही बिन्नी का मन बेहद–बेहद कटु हो जाता है। मन होता है सुलगती नज़रों से एक बार कुंज को देखे, पर वह छत की ओर देखने लगती है। आँखों के आगे मधु के पढ़े हुए पत्र की पंक्तियाँ उभर आती हैं, 'तुमने विवाह से पहले एक बार भी मुझे बता दिया होता कि तुम किसी और के साथ वचनबद्ध हो तो मैं कभी तुम दोनों के बीच नहीं आती। किसी और का अधिकार छीनने की मेरी आदत नहीं। पर जो अधिकार तुमने स्वेच्छा से दिया उसमें बँटवारा करना भी मेरे लिए संभव नहीं। आज भी अपना मन साफ़ करके मुझे बता दो, मैं चुपचाप लौट जाऊँगी। पर उस समय फिर गोद में मुँह छिपाकर आँसू मत बहाना। तुम जानते हो तुम्हारे आँसू मुझे कितना दुर्बल बना देते हैं। मैं तुम्हारे निर्णय की प्रतीक्षा करूँगी, इधर या उधर।'

और कुंज ने शायद निर्णय लेने के लिए ही उसे यहाँ बुलाया है। वह जानती है, निर्णय उधर का ही हुआ है। इधर तो जब होना चाहिए था तब नहीं हुआ, जब हो सकता था, तब नहीं हुआ तो अब क्या होगा। कुंज शायद अपने निर्णय का समर्थन करवाना चाहता है। चाहता है कि बिन्नी स्वयं कहे कि 'मैं अपने को काट लेती हूँ', और वह इस कटने की ज़िम्मेदारी सीधे बिन्नी पर या 'बिन्नी के हित' पर डालकर अपराध भावना से मुक्त हो सके। निर्णय उधर का हो चुका है, इसीलिए तो कुंज ने गोदी में सिर रखकर रोने के लिए उसे यहाँ बुलाया है। यदि इधर का होता, तो शायद आज मधु की गोदी में सिर रखकर कुंज रो रहा होता।

बात फिर वहीं टूट गई। पर बिन्नी ने अच्छी तरह महसूस किया कि जो कोमल तन्तु उन दोनों को वर्षों से बाँधे चला आ रहा था, आज जैसे वह टूट गया है। उन दोनों के बीच 'कुछ' था, जो मर गया है। टूटने–मरने का यह बोध

रात में और भी गहरा हो गया था, जब दो लाशों की तरह वे साथ सोए थे।

कुंज सो सका था या नहीं, पर बिन्नी की नम आँखों के सामने सारी रात जाने कैसे-कैसे चित्र ही तैरते रहे—पिछले साल नैनीताल में कुंज के साथ बिताए हुए दिनों के चित्र। श्री और श्रीमती कुंज श्रीवास्तव के नाम से होटल में कमरा लिया था और बैरा लोग जब मेम साहब कहकर सम्बोधित करते तो उसे न कुछ अस्वाभाविक लगता था, न अनुचित। उसका सारा व्यवहार इतना स्वाभाविक था मानो वह वर्षों से उसके साथ रहती आई है, उसकी एक-एक आदत और आवश्यकता से वह खूब अच्छी तरह परिचित है। झील के किनारे की वे बातें आज भी उसे याद हैं जो शायद कभी उसके जीवन की सच्चाई नहीं बन सकीं, शायद कभी बन भी नहीं सकेंगी—उन्मुक्त प्यार का वह सम्बन्ध जिसे विवाह या किसी ऐसे औपचारिक बन्धन की आवश्यकता नहीं होती।

बिन्नी की आँखों से आँसू चू पड़े। मन बहुत डूबने लगा, तो उसने आँखें खोल दीं। फायर प्लेस की लकड़ियाँ बुझ चुकी थीं। अँगारों पर भी राख जम चुकी थी। केवल हल्की-सी गन्ध कमरे में अब भी फैली हुई थी। उसने धीरे-से करवट ली और मन-ही-मन तय किया, 'कल ही वह लौट जाएगी।'

रेंगती हुई ट्रेन कब प्लेटफ़ार्म पर आ खड़ी हुई—आधी सोती, आधी जागती बिन्नी जान ही नहीं पाई।

"अभी गाड़ी खाली है, अपना बिस्तर लगा लीजिए," कुली ने कहा तो वह चौंकी।

प्रतीक्षालय में बन्द यात्री कुलियों पर सामान लदवाए प्लेटफ़ार्म पर आ-जा रहे थे। दो-तीन बसें और भी अनेक यात्रियों को पहाड़ से नीचे ले आई थीं और हल्का-सा शोर चारों ओर फैलने लगा था।

बिन्नी ने जल्दी से सामान उठवाया और जनाने डिब्बे में घुसकर ऊपरवाली बर्थ पर अपना बिस्तरा फैला लिया। उसे लगा आज रात वह नहीं सोएगी, तो उसका सिर फट जाएगा। थोड़ी देर तक खिड़की के पास बैठी वह प्लेटफ़ार्म की भीड़ को ही देखती रही पर जब भीड़ बढ़ने लगी तो ऊपर चढ़ गई। आँख बन्द करने पर भी उसे रोशनी का चौंधा असह्य लगता है जैसे किसी ने चेहरे के सामने टार्च जला दी हो। उसने साड़ी का पल्ला आँख पर डाल लिया।

नीचे का शोर, बच्चों का रोना–चिल्लाना निरन्तर बढ़ता जा रहा है, पर उस सबसे तटस्थ बिन्नी अपने में ही डूबी है। गाड़ी चली तो पहली बात उसके दिमाग़ में आई—यों चार दिन में ही लौट आने की क्या सफ़ाई देगी वह सुषी को? कुंज का पत्र पाकर जब उसने अपने जाने की बात कही थी, तो सुषी विस्मित–सी उसे देखती रह गई थी। रात में सोते समय केवल इतना ही कहा था—"पहले का जाना तो तब भी समझ में आता था बिन्नी, पर अब? जो आदमी बार–बार वायदा करके मुकर जाए, उससे क्या आशा करती है तू?"

"आशा? क्या हमेशा कुछ पाने की आशा से ही सम्बन्ध रखा जाता है।" कहकर ही बिन्नी को लगा था कि वह सुषमा को समझा रही है या अपने मन को?

"सम्बन्ध?" सुषमा के स्वर में वितृष्णा–भरी खीज उभर आई। "तू अभी भी समझती है कि तू उसे प्यार करती है या कि यह प्यार है जिसके जोर से तू खिंची हुई चली जाती है? क्यों अपने को धोखा दे रही है बिन्नी? अब तेरे सम्बन्ध का आधार प्यार नहीं—प्रेस्टीज है, कुचला हुआ आत्म–सम्मान। तुझे कुंज नहीं मिला, तो तू अपने को बर्बाद करके भी यह सम्भव नहीं होने देगी कि वह मधु को मिले।"

बिन्नी भीतर तक तिलमिला उठी। मन हुआ चीखकर सुषमा को चुप कर दे, पर वह भिंचे गले से केवल इतना ही कह सकी, "तू चुप हो जा सुषमा।" थोड़ी देर तक बिन्नी प्रतीक्षा करती रही थी कि सुषमा कोई और कड़ी बात कहेगी, लेकिन सुषमा सचमुच ही चुप हो गई। बिन्नी समझ गई, सुषी बहुत नाराज़ है। हल्की नाराज़गी में सुषी खूब लड़ती है, पर जब बात उसके लिए असह्य हो जाती है, तो वह चुप हो जाती है। कुंज ने उन दोनों के बीच एक दीवार खड़ी कर दी है और हर बार ही कुछ ऐसा होता है कि उस दीवार पर अनचाहे ही एक पलस्तर और चढ़ जाता है। बिन्नी सुषमा के आक्रोश को समझती है, पर सुषी है कि उसके मन की बात नहीं समझ पाती—शायद कभी समझ भी नहीं पाएगी।

बिन्नी का मन हुआ सुषमा उससे लड़ ले, कुछ और कटु बातें उसे सुना दे, पर यों चुप न हो। सब घरवालों से अपने को काटकर बिन्नी यहाँ रह रही है—कैसी–कैसी मानसिक यंत्रणाओं से वह गुजरी है, पर सुषी का सहारा उसे हमेशा मिलता रहा है, ग़लत और सही कामों में उसका समर्थन मिलता

रहा है। पर इस बार जैसे वह उस आख़िरी सहारे को भी तोड़कर कुंज के पास चली आई थी।

अब क्या कहेगी वह सुषी को! उसकी बन्द पलकों में आँसू चू पड़े।

बिन्नी को लेकर ताँगा जब स्टेशन के बाहर निकला, तो पौ भी नहीं फटी थी। सड़क सुनसान थी और हवा सुहानी। जमादार एन भोर की मस्ती में—'हवा तुम धीरे बहो' की तान के साथ सड़क झाड़ रहा था। स्टेशन-रोड से ताँगा झील के रास्ते की ओर मुड़ा तो सड़क के किनारों पर सूने गुलमोहर और अमलतास के पेड़ों की कतार-की-कतार खड़ी दिखाई दी। बिन्नी का मन लौटकर फिर उस सुबह की ओर चला गया, जब गुलमोहर के पेड़ लाल-लाल फूलों से भरे थे और उसका मन विचित्र-से सशंकित उल्लास से।

कुंज ने बाँहों में भरकर, अनेक चुम्बन अंकित करके उसे नैनीताल से विदा किया था—इस आश्वासन के साथ कि वे जल्दी ही एक नई ज़िन्दगी की शुरुआत करेंगे। उस दिन जब उसका ताँगा इस तरफ़ मुड़ा था तो उसे लगा था कि उसकी ज़िन्दगी भी अब फूलों के रास्ते की ओर मुड़ गई है।

इसी तरह सुषी को बिना सूचना दिए वह आई थी पर सारे रास्ते उसे लगता रहा था कि घोड़ा बहुत धीरे चल रहा है, या कि रास्ता खिंच कर बहुत लम्बा हो गया है।

सुषमा ताँगे की आवाज़ से ही जागी थी और उसने उनींदी आँखों से ही बिन्नी को बाँहों में भर लिया था।

उसके बाद बिन्नी जहाँ कहीं भी जाती उसे गुलमोहर के लाल-लाल फूल ही दिखाई देते। लोगों का कहना था कि उस साल जैसा गुलमोहर शहर में कभी नहीं फूला था।

फिर एक-एक दिन सरकता गया और गुलमोहर के फूल धीरे-धीरे झड़ते चले गए।

दिन ठंडे होते चले गए थे और अकारण ही यह ठंडक सुषमा के मन में पैठती चली जा रही थी। उसने कुंज के पत्र पढ़ना बन्द कर दिया था और कुंज के पत्रों को पढ़कर अकेले झेलना बिन्नी को बहुत भारी लगने लगा था। कुंज को लेकर उसके अपने मन में न जाने कितना आक्रोश और क्षोभ भरा था, पर सुषमा के सामने होते ही उसे कुंज का मुखौटा ओढ़ना पड़ता था। और तब उसका कष्ट कई गुना हो जाता था।

दिसम्बर में सुषमा अपने देवर-देवरानी के आग्रह की बात कहकर कानपुर चली गई थी। बिन्नी का बहुत मन हुआ था कि वह उसे रोक ले, पर उससे कुछ नहीं कहा गया था। चलते समय केवल इतना ही कह पाई थी, 'सुषी जल्दी आना, मेरा मन बिल्कुल नहीं लगेगा।' तो सुषमा की आँखों में भी आँसू आ गए थे और बिन्नी को जैसे आश्वासन मिल गया था कि दोनों के बीच कहीं कोई नहीं है, कभी कोई हो भी नहीं सकता है, कि सुषमा जल्दी ही लौटकर आएगी।

ताँगे की आवाज़ सुनकर माँजी निकलीं और उसे देखकर हैरान-सी बोली, ''अरे बीवी, तुम कैसे लौट आईं?''

बिन्नी ने ताँगेवाले को पैसे दिए, माँजी को जवाब नहीं दिया। उसने सोच लिया है कि वह किसी को कुछ नहीं कहेगी, सुषमा को भी नहीं।

माँजी ने होल्डाल उठाया और बिन्नी ने सूटकेस। ''सुषमा बीवी कल शाम को ही शर्मा साहब के यहाँ चली गईं। बीवीजी खुद आकर ले गईं। आज दोपहर में आने को कह गई हैं।''

बिन्नी को बड़ी राहत मिली। मित्रता के इतने वर्षों में यह पहला मौक़ा था कि सुषी की उपस्थिति उसे असह्य लग रही थी। पर अपनी इस भावना पर उसका मन ग्लानि से भर उठा।

बरामदा पार करके बिन्नी कमरे में घुसी। वही कमरा, वही सामान। फिर भी उसे लगा कि जैसे दीवालें सिमट आई हैं और कमरा छोटा हो गया है। इस छोटे से कमरे में ही उसे बहुत बड़ी ज़िन्दगी काटनी है। हाथ-मुँह धोकर उसने चाय पी और फिर अपने कमरे के पलंग पर आकर लेट गई। माँजी आईं तो उसने खिड़की खोल दी और परदा एक ओर को सरका दिया। सुबह की कोमल धूप में बिन्नी का शरीर नहा उठा, पर खिड़की की सलाखों ने उसके शरीर को कई टुकड़ों में बाँट दिया और यों कटी-बँटी बिन्नी दोपहर तक ऐसे ही लेटी रही।

सुषमा आई तो हैरान। ''तू कैसे लौट आई?''

''यों ही, मन नहीं लगा इस बार।''

इस बात पर ध्यान दिए बिना सुषी की तेज नज़रें बिन्नी के मन में उतरती जा रही थीं। बिन्नी खुद जानती थी कि जो कुछ उसने कहा, वह विश्वास करने लायक नहीं है।

"लड़ाई हो गई कुंज से?"

"नहीं तो," कहने को कह तो दिया बिन्नी ने पर भीतर से रुलाई का वेग जैसे फूट पड़ना चाहता था। किसी तरह अपने को संयत करके वह अख़बार पढ़ने की कोशिश करने लगी। सुषमा भीतर गई तो बिन्नी ने सोचा कि अब वह लौटकर नहीं आएगी, वह उससे कोई बात नहीं करेगी, साथ रहकर भी उन्हें अजनबियों की तरह ही रहना पड़ेगा—हो सकता है सुषमा यहाँ से चली ही जाए। पर तभी हाथ में बिनाई लिए सुषमा आकर सामने की कुर्सी पर बैठ गई। सुषमा हमेशा की तरह सहज लग रही थी, मानो चार दिन पहले उनके बीच कुछ हुआ ही न हो।

बिन्नी अख़बार एक ओर पटककर पलंग पर ही बैठ गई। नहीं, सुषमा को वह अपने से यों कटने नहीं देगी। उसने पीठ पर फैले बालों को हथेली पर लपेटकर ढीला-सा जूड़ा बना लिया और सब कुछ बता देने के लिए भीतर-ही-भीतर जैसे अपने को तैयार करने लगी।

"तेरा यों लौट आना बड़ा विचित्र संयोग है, कहूँ कि बड़ा शुभ संयोग।" और सुषमा ने अपनी नज़र बिनाई पर से उठाकर बिन्नी के चेहरे पर गड़ा दी, जहाँ विस्मय का भाव गहरा होता जा रहा था।

"दिनेश भैया का पत्र देख लिया न?"

"नहीं तो। कहाँ है?" सुषमा की बात का सूत्र इस पत्र में होगा। इस बात का अनुमान-सा लगाते हुए उसने पूछा।

"तेरी दराज़ ही में तो रख दिया था मैंने।" और सुषमा ने उठकर उसे पत्र पकड़ा दिया। पत्रों की बेसब्री से राह देखनेवाली बिन्नी सवेरे से आकर दराज़ तक न खोले, यह सब उसकी जिस मानसिक स्थिति का सूचक है, सुषी उसे खूब समझ रही है पर उसने सोच लिया है कि वह उस बारे में कोई बात नहीं करेगी।

बिन्नी बन्द लिफ़ाफ़े को यों ही उलट-पलटकर देखती रही और मन में जो सबसे पहली बात उठी वह यह कि क्या सचमुच ही सुषी ने अपने को बिन्नी से एकदम काट लिया है? वरना सुषमा तो नाराज़ होने से पहले तक कुंज तक के पत्र इस अधिकार से पढ़ती थी, मानो वे उसी के लिए लिखे गए हों। सुषमा के विवाह के पहले तक दोनों का हर काम साझे में चलता था। श्यामजी के विदेश जाने के बाद सुषमा बिन्नी के पास आकर रहने लगी तो यह टूटा हुआ क्रम फिर जुड़ गया था। लेकिन अब?

बिन्नी ने पत्र पढ़ लिया तो सुषमा ने प्रतिक्रिया जानने के लिए उसकी ओर देखा। बिन्नी भावहीन चेहरा लिए पत्र को मोड़ती-खोलती रही। उसकी कुछ भी समझ में नहीं आया कि वह क्या कहे। पत्र में विशेष कुछ था भी नहीं। इधर-उधर की दो-चार बातों के बाद सूचना थी कि नन्दन अपने काम से आ रहा है। शायद दस-बारह दिन ठहरेगा। उसके साथ रसगुल्ले का एक टिन भेज रहे हैं।

"अच्छा हुआ तू आ गई। मैं तो समझ ही नहीं पा रही थी कि दिनेश भैया को क्या जवाब दूँ?"

बिन्नी समझ गई कि दिनेश भैया ने सुषमा को अलग से भी पत्र लिखा है। बिन्नी ने अपने को परिवार से काट लिया है, फिर भी कभी-कभी भैया का कर्त्तव्य-बोध जाग ही जाता है। नन्दन के बारे में उन्होंने पहले भी लिखा था—बिन्नी को कई बार आने का आग्रह भी किया था, पर बिन्नी के अपने मन में नन्दन को लेकर कभी कोई दिलचस्पी नहीं जागी। वही नन्दन अब यहाँ आ रहा है। सुषमा का वाक्य मन की किसी अदृश्य परत पर गूँजा—शुभ संयोग।

"गेस्ट-हाउस में ठहरेंगे। तू कहे तो मैं यहीं ठहरने को कह दूँ?" सुषमा की इस बात से बिन्नी भीतर तक गल गई। क्या हो गया है इस सुषी को? अपने सारे अधिकार समेटकर यों निरीह बनकर वह बिन्नी से पूछे? शादी के बाद से सुषमा कैसे अनायास ही उसकी अन्तरंग मित्र से अभिभाविका बन बैठी। यह आज तक वह नहीं समझ सकी थी। पिछले डेढ़ साल से जो सुषमा साधिकार आदेश ही देती आई है, वह निरीह बनकर यों उसकी अनुमति ले? उसका मन हुआ सुषमा के दोनों कन्धे झकझोर कर पूछे, 'तू भी मुझे अपने से काटकर अलग कर देना चाहती है तो साफ़ क्यों नहीं कहती...ये इस तरह की बातें।' पर उससे केवल इतना ही कहा गया, "मुझसे क्या पूछती है, यह तेरा घर नहीं है क्या?" स्वर में कुछ ऐसी आर्द्रता थी कि सुषमा हैरान-सी देखती रह गई और बिन्नी उठकर भीतर चली गई।

चार बजे के क़रीब घर के सामने जीप रुकी तो एक क्षण के लिए भी अनुमान लगाने की आवश्यकता नहीं हुई। हाथ की बिनाई पलंग पर पटककर स्वागत के लिए सुषमा बाहर निकली। बिन्नी से चाहकर भी दरवाज़े से आगे नहीं बढ़ा गया। सुषमा ने कुछ इस आत्मीयता से नन्दन को लिया मानो उसकी

पुरानी परिचिता हो, पर बिन्नी उनके बरामदे में आने और परिचय करवाने के बाद ही नमस्कार कर सकी।

परसों से ही सुषमा ने कमरा अच्छी तरह सज़ा रखा था। "हम तो कल से ही आपकी राह देख रहे थे।"

नन्दन ने एक उड़ती-सी नज़र कमरे पर डाली तो सुषी के चेहरे पर सन्तोष का भाव उभर आया। उसका सजाना व्यर्थ नहीं गया।

"कल दोपहर में तो पहुँचा ही था—कुछ लोग आ गए, काम का प्लान डिस्कस करना था सो शाम उसी में बीत गई।"

फिर रसगुल्ले का टिन बढ़ाते हुए बोला, "इसे सँभालिए। सारे रास्ते मुश्किल से अपने को रोकता आया हूँ। कलकत्ते में रहकर भी रसगुल्ले मेरी कमजोरी है।" और वह खुलकर हँस पड़ा।

तब बिन्नी के मन में कहीं कुंज की हँसी कौंधी। उसने पहली बार भरपूर नज़र से नन्दन को देखा। अपेक्षाकृत थोड़ा दुबला और लम्बा। रंग थोड़ा साँवला पर चमकता हुआ चौड़ा ललाट और सिर पर घुँघराले बाल। तभी लगा जैसे अदृश्य रूप में कुंज भी नन्दन के साथ-साथ ही आया है।

बिना परिचय के बातचीत का आधार दिनेश भैया का परिवार ही हो सकता था, पर सुषमा ने नन्दन से ही सीधा सूत्र जोड़ा। उसके अनेकानेक आत्मीय प्रश्नों ने अपरिचय के इस बोध को टिकने नहीं दिया—"सफ़र में तकलीफ़ तो नहीं हुई? ठहरने की जगह पसन्द है? असुविधा न हो तो यहाँ आकर ठहरिए, हमें बड़ी खुशी होगी—जैसे दिनेश भैया वैसे आप—कितने दिन ठहरेंगे—क्या कार्यक्रम रहा करेगा?"

और बिन्नी सोच रही थी कि वह भी इसी सहज भाव से क्यों नहीं हँस-बोल पा रही है। वह तो इस तरह बैठी है, मानो नन्दन उसे देखने आया है और वह लाज से सिमटी जा रही है। इस भावना मात्र से वह बेचैन हो उठी, मन हुआ एक चक्कर भीतर का ही लगा आए। तभी माँजी चाय की ट्रे ले आईं तो बिन्नी को जैसे सक्रिय होने के लिए आधार मिल गया।

"बिन्नी जी, आपको दिनेश बहुत याद करते हैं और मिकी-पिन्टू ने तो आदेश दिया है कि बुआ को साथ ही लेते आइए।"

चाय का प्याला बढ़ाते हुए बिन्नी ने नन्दन को देखा—क्या सचमुच उसे सबने बुलाया है या कि...क्या भैया ने नन्दन को इस तरह का कोई संकेत दे रखा है?

"यहाँ आपका काम क्या रहेगा? किस प्रोजेक्ट पर आए हैं आप?" इतनी देर में बिन्नी की ओर से पहला प्रश्न था।

"हमें विभिन्न प्रान्तों के आदिवासियों की विवाह-पद्धति पर तथ्य इकट्ठे करने हैं।"

"यह तो बड़ा दिलचस्प काम है!"

"ओह, बड़ा दिलचस्प। वेरी इंटरेस्टिंग। मैं तो चकित हूँ कि इस अकेले देश में कितनी तरह के रस्म-रिवाज हैं!" और फिर बातें विभिन्न प्रकार की विवाह-पद्धतियों पर ही चल पड़ीं। नन्दन जब जाने लगा तो यह तय हुआ कि जब भी वह खाली होगा, बिना किसी औपचारिकता के यहाँ आ जाया करेगा। यहाँ के जो तीन-चार दर्शनीय स्थान हैं, वे साथ ही देखे जाएँगे।

उस दिन चले जाने के बाद भी बड़ी देर तक नन्दन उस घर में बना रहा।

बीतते अक्टूबर की साँझ। बिन्नी छत पर चली आई। सामने सड़क पर गायों का एक झुंड सारे वातावरण को मटमैला बनाता हुआ गुज़र गया है। पीछे के मैदान में गुल्ली-डंडा खेलते हुए बच्चों का शोर बहुत साफ़ सुनाई दे रहा है। बिन्नी निरुद्देश्य-सी वही सब देख रही है।

उस दिन के बाद तीन दिन बीत गए, नन्दन नहीं आया। यों वह कह गया था कि दो-दो तीन-तीन दिन के अन्तराल से ही वह आ पाएगा, फिर भी हर दिन सुषमा ने उसकी राह देखी है, शायद बिन्नी ने भी। नन्दन के आगमन ने बिन्नी और सुषमा के बीच आ गए खिंचाव को अनायास ही तोड़ दिया था। पर आज सवेरे जब से कुंज का पत्र आया है, सुषमा फिर चुप है। बिन्नी जानती है कि चौदह साल पुरानी इस घनिष्ठ मैत्री का आज अपना कोई अस्तित्व नहीं रह गया है। दूसरे ही उसके निर्णायक हो गए हैं। बस, सवेरे से वह अकेली अपने कमरे से उठकर कभी सामने के छोटे-से लॉन में गई है तो कभी पीछे के आँगन में। नई आई पत्रिका की हर कहानी उसने शुरू की है, पर पूरा किसी को नहीं किया। दिन में एक घंटा लेटी भी है, पर नींद एक मिनट को नहीं आई। सुषमा तनाव के ऐसे क्षणों में भी कैसे इतनी सहज रह लेती है? सवेरे से ही वह श्यामजी के लिए स्वेटर बना रही है। बिन्नी अपना मन ऐसे कामों में ज़रा भी नहीं लगा पाती। आज तो उसे खुद विश्वास नहीं होता कि कभी वह और सुषमा होड़ लगाकर सिलाई, कढ़ाई और बिनाई किया करती थीं। घंटों घूम-घूमकर साड़ियाँ और चूड़ियाँ खरीदती थीं। सुषी

को आज भी इन सारे कामों में वैसी ही रुचि है, यह तो बिन्नी ही है जो बदल गई है।

उसने माँजी की खाट बिछाई और बाँह का तकिया बनाकर चित्त लेट गई। कुंज ने उसे अब पत्र क्यों लिखा? कई बार उसने वह पत्र पढ़ा है। वे ही शब्द—कुछ प्यार के, कुछ मज़बूरी के, कुछ अपनी आस्था और मान्यताओं के। भावनाओं की लाश ढोते हुए वे शब्द उसे अब कहीं नहीं छूते। वह जानती है यह मात्र एक औपचारिकता है, जिसे निभाने के लिए कुंज मज़बूर है। वह आज तक नहीं समझ पाई कि कुंज उससे आख़िर चाहता क्या है? सुषमा की बात तो उसे भीतर तक कँपा देती है। सुषमा कुंज को लेकर बहुत संकीर्ण और कटु हो गई है। आज से पाँच साल पहले तक कुंज दुनिया का सबसे उत्कृष्ट व्यक्ति था। आज सबसे निकृष्ट। सारी मजबूरियों के बावजूद वह उसे माफ़ नहीं कर पाती। उसे वह मज़बूरी ही नहीं लगती। वह कभी सुषमा की बात से सहमत नहीं हो पाई है, पर सुषमा अपनी हर बात दावे के साथ कहती है—व्यक्तियों का विश्लेषण करने की अपनी क्षमता पर उसे गर्व है। बिन्नी को न कोई ऐसा दावा है, न गर्व। वह तो जितना सोचती है, उतना ही उलझती जाती है और फिर उसका दिमाग़ सुन्न हो जाता है।

"बिन्नी!"

बिन्नी ने ज़रा-सा सिर उठाकर देखा तो सीढ़ियों पर सुषी खड़ी थी।

"नन्दन आए हैं।" और वह जैसे आई थी, वैसे ही लौट गई। बिन्नी क्षण-भर यही सोचती रही कि यह मात्र सूचना है या बुलावा। फिर वह उठी। खड़े होते ही सामने फाटक पर जीप खड़ी दिखाई दी। आश्चर्य है उसने जीप की आवाज़ तक नहीं सुनी!

नीचे उतरकर उसने साड़ी और बाल ठीक किए। ख़याल आया सुषमा ने सूचना देने के लिए ऊपर आने का कष्ट यों ही नहीं किया। वह चाहती है कि नन्दन के सामने बिन्नी ठीक से ही आए। उसका अपना मन हो रहा है कि कम-से-कम वह साड़ी बदल ही ले—पर फिर वह यों ही घुस गई।

बिन्नी के घुसते ही नन्दन ने स्वागत किया, "आइए बिन्नीजी!" तो बिन्नी को लगा यह बात या ऐसी ही कोई बात तो उसे कहनी चाहिए थी। वह मुस्कराकर बैठ गई।

नन्दन बात का टूटा सूत्र जोड़कर फिर सुषमा के साथ व्यस्त हो गया। यहाँ के आदिवासियों की तलाक़ की प्रथा पर बात हो रही थी शायद। बिन्नी का मन बात में नहीं है—रह-रहकर उसकी नज़र नन्दन की बाईं कनपटी पर बने घाव के निशान पर चली जाती है। वह सोच रही है—किस चोट का होगा यह निशान, कैसे लगी होगी?

"आप लोग अनुमति दें तो एक सिगरेट पी लूँ?" और अनुमति का अवसर दिए बिना ही उसने जेब से सिगरेट और लाइटर निकाला। लाइटर देखकर बिन्नी चौंकी। कुछ-कुछ इसी तरह का लाइटर उसने कुंज को उपहार में दिया था।

"नहीं, आज वह केवल नन्दन से ही मिलेगी।" भीतर-ही-भीतर उसने जैसे निश्चय किया।

सुषमा किसी बात पर नन्दन से बहस करने लगी है शायद। बिन्नी सुन अवश्य रही है, पर केवल सुन-भर रही है। उसे लग रहा है जैसे कुछ ध्वनियाँ हैं, जो कमरे में तैर रही हैं, कुछ शब्द हैं, जो कमरे में बिखरे हुए हैं—विवाह, प्रेम, तलाक़, आज का जीवन...।

एकाएक बिन्नी अपने चेहरे पर नन्दन की सीधी नज़रें महसूस करती है। उसकी नज़रें हैं कि उसे कहीं भीतर से खींचकर बाहर ले आती हैं।

"आप इस विषय पर क्या सोचती हैं बिन्नी जी?"

बिन्नी चुप! उसे पता ही नहीं, विषय क्या है? पर नन्दन की नज़रें हैं कि हट नहीं रही हैं। तब किसी तरह होंठों पर जबरन हल्की-सी मुस्कराहट खींचकर धीरे से वह कहती है, "मैं इन विषयों पर कुछ भी नहीं सोचती?"

"लीजिए, तब आप क्या सोचती रहती हैं इतना चुप-चुप रहकर? आत्मा-परमात्मा की बातें?" और वह हँसा तो बिन्नी के मन में पहली बात आई—नन्दन जानता है कि वह दर्शन-शास्त्र पढ़ाती है। और क्या-क्या जानता है उसके बारे में?

"सुषमाजी, आप तो इतना बोलती हैं पर अपनी मित्र को बोलना नहीं सिखाया आपने?"

और जब सुषमा ने भी हँसते हुए कहा, "दोनों ही इतना बोलने लगेंगे तो फिर सुनेगा कौन नन्दनजी, किसी को तो श्रोता होना ही चाहिए।" तो वह बड़ी देर तक यही सोचती रही कि कितना अच्छा होता यदि यही बात वह कह पाती। उसने एक बार अपने को पूरी तरह झकझोरना चाहा। चाहा कि वह भी

उनकी बातों में, उनकी हँसी में खुलकर भाग ले सके। जो कुछ कहा-सुना जा रहा है, उसे मात्र सुने ही नहीं समझे भी।

उसे क्या होता जा रहा है? आज सबेरे से उसने कितनी बार कुंज का पत्र पढ़ा है, पर हर बार उसे लगा जैसे वे निरे वाक्य हैं, अर्थहीन और बेजान! केवल आज से ही नहीं, पिछले कुछ दिनों से बराबर उसे यही लग रहा है कि जैसे सब चीज़ों के, सब बातों के, सब सम्बन्धों के अर्थ चुक गए हैं। देखा, सुना, पढ़ा कुछ भी तो उसकी समझ में नहीं आता है। और यही अर्थहीनता फैलते-फैलते उसके जीवन में समा गई है। सामने बैठा यह नन्दन उसे केवल एक आकार मात्र लग रहा है। उससे अधिक उसका या उसकी बातों का कोई भी तो अर्थ उसकी समझ में नहीं आ रहा है। धीरे-धीरे शायद यह फैलती ही चली जाएगी, फैलती ही चली जाएगी...।

बिन्नी एकाएक उठकर भीतर चली गई। भीतर जाकर और कुछ समझ में नहीं आया तो माँजी की मदद करने के लिए रसोईघर में चली गई।

आँखों के आगे गहरी धुँध छा गई थी।

थोड़ी देर बाद एक ट्रे माँजी के हाथ में और एक अपने हाथ में लेकर जब वह चली तो आँखें सूखी थीं और हर चीज़ उसे बहुत साफ़ दिखाई दे रही थी।

इस बीच कमरे में बत्ती जला दी गई थी और उस दूधिया आलोक में वह कमरा, कमरे की हर वस्तु और सामने बैठा नन्दन उसे एक बार बिल्कुल नया-सा लगा।

पता नहीं किस बात पर नन्दन हँस रहा था। उसे देखते ही बोला, "देखिए बिन्नी जी, मैं इनसे कह रहा हूँ कि कहाँ आपने भी अकेले-अकेले श्यामजी को दो साल के लिए विदेश भेज दिया। कहीं मेम-वेम ले आए तो...।"

बीच में ही सुषमा सुर्ख होती हुई बोली, "ऐसा कभी हो ही नहीं सकता। वे तो कभी ऐसा कर ही नहीं सकते। दो साल क्या, पाँच साल के लिए भी रह लें तो...!"

और सुर्खी उसके गालों से फैलकर कानों तक को लाल कर गई। चाय बनाते-बनाते बिन्नी के मन का कोई अदृश्य कोना बुरी तरह कराह उठा—काश! वह भी किसी को लेकर इतने ही विश्वासपूर्ण ढंग से कह

पाती। किसी का सम्पूर्ण और एकनिष्ठ प्यार उसके गालों पर भी ऐसी ही सुर्खी पोत पाता।

अनायास ही उसकी नज़र नन्दन की ओर उठ गई।

फाटक पर खड़े-खड़े ही आनेवाली संध्याओं का कार्यक्रम बन रहा है। अभी-अभी सामने से गायों का एक झुंड गुज़र चुका है। धूल का गुबार और गले में बँधी घंटियों की आवाज़ धीरे-धीरे दूर होती जा रही हैं।

तीसरी बार और अन्तिम बार नमस्कार करके नन्दन जीप में बैठ गया। घर्र-घर्र के जोरदार शब्द में एक क्षण को और सारी ध्वनियाँ जैसे डूब गईं।

कच्ची सड़क पर पहियों के गहरे निशान छोड़कर नन्दन की जीप दूर जाकर अदृश्य हो गई।

बिन्नी और सुषमा के बीच में से केवल नन्दन ही नहीं गया, वह अपने साथ दोनों के बीच सवेरे से आए तनाव को भी ले गया।

गायें चली गईं, जीप चली गई। केवल वे शब्द, वे ध्वनियाँ बड़ी देर तक बिन्नी के मन में गूँजती रहीं।

रात में बिन्नी सोई तो सुषमा उसके बालों को सहलाते हुए समझा रही थी, "देख बिन्नी, अब पाग़लपन मत करना। नन्दन जैसा आदमी तुझे मिलेगा नहीं। दिनेश भइया ने आख़िर कुछ सोचकर ही इतनी बार लिखा। इन हवाई बातों में कुछ नहीं रखा है, ज़िन्दगी अपने ढंग से ही चलती है।"

और मन में कहीं कुंज के शब्द टकरा रहे थे, 'हम उस अभागी पीढ़ी के हैं बिन्नी, जो नए विचारों और नई भावनाओं को जन्म देने में हमेशा ही खाद बन जाती हैं।'

पूरी तरह खाद बना हुआ—किसी भी बात को ग्रहण करने में असमर्थ बिन्नी का मन केवल यही चाह रहा था कि वह खूब-खूब रो ले।

सर्दी के वे दिन बड़े मनहूस और उदास बीते थे। उसने तभी महसूस किया था कि आदमियों की भी अपनी एक गर्मी होती है। सारे घर में किसी को न देखकर सर्दी जैसे फैल-पसरकर बैठ गई थी। नैनीताल जाने से पहले वह 'कुछ सुखों' से अपरिचित थी, पर अब रात में जब शरीर की अपनी भूख जागती तो अपने को साधना उसके लिए कठिन हो जाता।

उसने कुंज को लिखा था कि तुम जैसे भी हो एक सप्ताह के लिए आ

जाओ। पर कुंज व्यस्त था और कुंज की व्यस्तता उसकी इच्छा से बड़ी थी। बिन्नी जानती है कि कुंज के सारे समय पर उसका अधिकार नहीं है, केवल उसका खाली समय ही बिन्नी के लिए है। खाली समय में भी यदि वह चाहे तो। तब उसने मन-ही-मन निर्णय लिया था कि वह जैसे भी होगा अपनी ज़िन्दगी को नया मोड़ देगी, अपने को इस मोह से मुक्त करेगी। पर कुंज के पत्रों के सामने उसके सारे निर्णय गल गए थे और अपने को मोड़कर वह कहाँ ले जाए, इस असमंजस में लौटकर फिर कुंज के पास ही आ गई थी।

पर अब?

कल नन्दन चला जाएगा।

उसके बाद जब भी नन्दन आया, वे लोग साथ घूमने गए। लौटकर साथ खाना खाया। यह सुषमा का विशेष आग्रह था। सुषमा नन्दन, नन्दन की आत्मीयता, उसके स्वभाव को लेकर बहुत प्रसन्न है। बिन्नी केवल इतना महसूस कर पाई है कि पिछली दो मुलाक़ातों में वह उनके बीच अकेला ही रहा है। कुंज अनुपस्थित होता चला गया।

आज का प्रोग्राम यों बना था कि नन्दन गेस्ट-हाउस से सीधे झील पर पहुँचेगा और ये दोनों घर से जाएँगी। जाने का समय हुआ तो सुषमा ने कहा, "बिन्नी, आज तू अकेली ही चली जा।"

"क्यों?" आश्चर्य से बिन्नी ने पूछा।

"मैं कह रही हूँ इसलिए।" फिर रुककर बोली, "हो सकता है वे तुमसे कुछ बात ही करना चाहते हों।"

बिन्नी चुप रही। पर इस मौन में सुषमा का प्रस्ताव मानने की स्वीकृति नहीं थी।

"देख बिन्नी, आज तक तू जो कुछ सही-ग़लत करती आई, मैंने इच्छा या अनिच्छा से तेरा साथ दिया। पर आज मेरा इतना-सा आग्रह तुझे रखना ही होगा।" और बिन्नी की कुर्सी के हत्थे पर बैठकर ही वह उसकी पीठ सहलाने लगी।

सुषमा के इस अभिभावकपन से बिन्नी के अहं को पहले कभी-कभी बड़ी ठेस लगा करती थी, पर अब वह उसकी आदी हो गई है। बल्कि अब तो वह उससे ऐसे व्यवहार की अपेक्षा करती है।

"देख, नन्दन कोई संकेत दे तो पत्थर बनकर मत बैठी रहना।" तो बिन्नी का मन भीतर से हँसा भी, रोया भी। क्या-क्या सोचती है यह सुषमा भी। आख़िर सुषमा ने उसे अकेले जाने पर मजबूर कर दिया।

बिन्नी जब पहुँची तो दूर से ही देखा, नन्दन उसकी प्रतीक्षा कर रहा है। पता नहीं क्या बात है कि चाहकर भी वह कभी समय पर नहीं पहुँच पाती है। एक बार सुषी इतनी ख़ीज पड़ी थी कि बद्दुआ देती-सी बोली थी, 'भगवान करे कभी तुझे ज़िन्दगी-भर प्रतीक्षा करनी पड़े।' तब उसने कल्पना भी नहीं की थी कि किसी पहुँचे हुए ऋषि की तरह उसका शाप बिन्नी के जीवन का सबसे बड़ा, सबसे कटु सत्य बनकर रह जाएगा। सुषी तो शायद भूल भी गई होगी, पर बिन्नी का तो मन ही ऐसा है कि हर बात वहाँ खुद कर रह जाती है।

एक क्षण चुपचाप खड़े रहने के बाद धीरे-से बिन्नी ने कहा, "नमस्कार" तो नन्दन चौंककर पीछे को घूमा। बिन्नी ने देखा, टी-शर्ट ने उसकी उम्र के दो-तीन साल कम कर दिए हैं।

"सुषमाजी कहाँ हैं ?" उसने सिगरेट को होंठों से निकालते हुए पूछा।

"सुषी नहीं आई," और अपनी बात की प्रतिक्रिया जानने के लिए उसने एक क्षण को नन्दन के चेहरे की ओर देखा। पर तभी उसे स्वयं यों अकेले चला आना बड़ा अज़ीब-सा लगा। क्या सोचेंगे नन्दन! बात को सँभालते हुए बोली, "वह आज आपके लिए एक स्पेशल डिश बनाने के लिए घर पर ही रुक गई।"

"लीजिए, आज तो हमारा फेयरवेल-डिनर है। मुझे ठीक आठ बजे गेस्ट-हाउस पहुँच जाना है, वहाँ सब मेरा इन्तज़ार करेंगे।"

"पर यह तो पहले ही तय हो चुका है कि हम लोग जब भी घूमने का प्रोग्राम रखेंगे, तब आप खाना साथ ही खाएँगे। फिर यों भी आज तो आपका आख़िरी दिन है।" कहने के साथ ही लगा कि कहीं नन्दन अभी सुषमा के पास जाने का प्रस्ताव न रख दे। पर नन्दन ने केवल इतना ही कहा—

"क्या करता, उन लोगों का बहुत आग्रह था।" और धुआँ छोड़ता हुआ नन्दन झील की ओर देखने लगा। बिन्नी ने सोचा—सुषमा के बिना वह क्या बात करेगी नन्दन से ? नन्दन को क्या सचमुच उससे कुछ कहना है ? आज कुछ कहेगा वह ?

"चलिए हम उसी कच्ची जगह पर बैठें।" और कहने के साथ ही नन्दन चल पड़ा। बिन्नी चुपचाप उसके बराबर चलने लगी। घाट के आख़िरी सिरे पर थोड़ी-सी जगह कच्ची छूट गई है, जहाँ पानी में पैर डालकर बैठा जा सकता है। वह हिस्सा अपेक्षाकृत सुनसान भी है, लोग अधिकतर पक्के किनारे पर ही घूमते हैं।

वहाँ पहुँचकर नन्दन ने जेब से रूमाल निकाला और बिछाकर बोला, "आप इस पर बैठिए।"

"नहीं, मैं वैसे ही बैठ जाऊँगी।" बिन्नी को स्वयं अपना स्वर बहुत मद्धिम लगा।

"आपकी साड़ी खराब हो जाएगी मैडम।" और उसने भरपूर नज़रों से बिन्नी को ऊपर से नीचे तक देखा तो बिन्नी भीतर तक सिमट गई। चन्देरी की हल्की पीली साड़ी का गहरा चटक बैंगनी बॉर्डर और ज़्यादा मुखर लगने लगा। उसे यह साड़ी पहनकर नहीं आना चाहिए था। क्या सोचा होगा नन्दन ने? वह अपनी ओर से ऐसी किसी बात का संकेत नहीं देना चाहती। अच्छा हुआ उसने बालों में लगे बैंगनी फूल के गुच्छे को रास्ते में ही निकाल दिया, जो चलते समय सुषमा ने हँसते हुए खोंस दिया था।

ख़याल आया, मेरठ में घरवालों से छिपकर जब वह कुंज से मिलने जाया करती थी तब भी सुषमा इसी तरह अपने घर ले जाकर उसे अपनी चीज़ें पहना दिया करती थी। कुंज हो, नन्द हो, सुषमा के लिए कोई फ़र्क़ नहीं पड़ता शायद। और उसे?

"आप संकोच मत करिए, बैठ जाइए।" और वह बैठती उसके पहले ही नन्दन पूरा पैर फैलाकर बड़ी बेतकल्लुफी से बैठ गया। तब बिन्नी भी रूमाल पर बैठ गई।"

"आपकी यह झील मुझे बहुत ही पसन्द आई। जानती हैं, कल रात को पता नहीं क्यों नींद उचट गई। बहुत कोशिश करने पर भी जब सो नहीं सका तो उठकर यहाँ चला आया। रात के सन्नाटे में किनारे पर बैठकर बड़ी ही विचित्र अनुभूति हुई। अद्‌भुत!"

और बिन्नी सोच रही थी—नन्दन के नींद न आने का कारण क्या रहा होगा? रात बारह बजे के क़रीब सुषमा उससे बातें करके सोई थी, पर वह उसके बाद भी बड़ी देर तक सामने लगे युकलिप्ट्स के ऊँचे-ऊँचे पेड़ों की कतार में नज़र उलझाए न जाने क्या-क्या गुनती-बुनती रही थी।

अक्सर ही सुषमा जब सो जाती है तो अनचाहे ही कुंज उसके मन में जाग जाता है। आज भी सुषमा की अनुपस्थिति में उसे हल्के-से कुंज की उपस्थिति का अहसास हो रहा है।

नन्दन एकटक सामने की झील को देख रहा था। इस समय भी क्या वह किसी अनुभूति के क्षणों में से गुजर रहा है! झील का पानी एकदम शान्त था और सामने की त्रिभुजाकार पहाड़ियों की पूरी कतार पानी में तैर रही थी।

"आप और सुषमा जी बहुत ही घनिष्ठ हैं न? दिनेश बता रहे थे।"

'घनिष्ठ'। बिन्नी को सुषमा के सम्बन्ध के लिए यह शब्द बहुत ही हल्का लगा।

"हूँ। मेरठ में हमारे घर लगे हुए थे सो सारा परिवार ही यों तो बहुत घनिष्ठ हो उठा था। फिर हम हमउम्र और एक साथ पढ़नेवाले। आठवीं से लेकर एम.ए. तक एक साथ पढ़े। इसके बाद इसने शादी कर ली और मैंने यहाँ नौकरी कर ली। शादी के एक साल बाद ही श्याम जी विदेश चले गए दो साल के लिए, तो मैंने आग्रह करके अपने पास बुला लिया। जनवरी में आकर वे इसे भी अपने साथ ले जाएँगे।" फिर एक क्षण ठहरकर बोली, "मेरे लिए तो फ्रेंड, फिलॉसोफर, गाइड सभी कुछ है।" मन में कहीं कौंधा— 'पितु-मातु-सहायक-स्वामी—सखा' कुंज कहा करता था।

"इनके जाने से तो आप बहुत अकेली हो जाएँगी?" और सिगरेट का आख़िरी कश खींचकर, ज़रा-सा आगे को झुककर उसने टोंटे को पानी में उछाल दिया। वह जलता हुआ टुकड़ा 'डुप' से पानी में डूब गया और छोटे-छोटे नामालूम से वृत्त पानी की सतह पर फैलते ही चले गए। उन वृत्तों को बिन्नी ने भीतर तक उतरते हुए महसूस किया।

"इसमें सन्देह नहीं कि यह जगह बहुत खूबसूरत है, पर हमेशा यहाँ रहना पड़े तो आदमी शायद बुरी तरह बोर हो जाए। आपको ऐसा नहीं लगता?" नन्दन के स्वर की आत्मीयता बिन्नी को अच्छी लगी।

"कोई खास नहीं। अब तो कॉलेज खुल गए सो दिन वहाँ गुजर जाता है और शाम अपनी झोंपड़ी में या इस झील के किनारे।"

"आप कलकत्ता क्यों नहीं आ जातीं? वहाँ दिनेश भी है, फिर काम के अलावा और पचास तरह की एक्टिविटीज हैं। यहाँ तो मुझे कुछ भी नज़र नहीं आता।"

बिन्नी ने गौर से नन्दन को देखा। इस निमंत्रण के पीछे, इन आग्रह-भरे

शब्दों के पीछे कुछ और भी अर्थ लिपटे हैं या नहीं? क्या नन्दन सचमुच चाहता है कि बिन्नी कलकत्ता चली जाए।

''मुझे बड़े शहरों की भीड़-भाड़ पसन्द नहीं। शुरू से ही छोटी जगहों पर रही हूँ।''

''और कुछ चुप्पी भी हूँ, इसलिए सबकुछ चुप-चुप अच्छा लगता है।'' हँसते हुए नन्दन ने बिन्नी के वाक्य को जैसे पूरा किया तो बिन्नी भी हँस पड़ी।

''सचमुच आप बहुत इंट्रोवर्ट हैं। इतना चुप-चुप रहकर दम नहीं घुटता आपका? इस उम्र में तो आदमी को खूब बोलना चाहिए, खुलकर हँसना चाहिए। नहीं? सुषमाजी को देखिए, कितना हँसती-बोलती हैं।'' तो ऊपर से वह मुस्करा दी। भीतर-ही-भीतर लगा, काश! उसकी ज़िन्दगी भी सुषमा की तरह होती—निश्चिन्त और आश्वस्त।

नन्दन ने जेब से दूसरी सिगरेट निकाली और उसे सुलगाकर कुछ सोचते हुए बोला, ''अच्छा एक बात बताइए।'' फिर जाने क्या सोचकर रुक गया। आँखों में प्रश्नवाचक भाव आँजे बिन्नी एकटक नन्दन को देखती रही।

''देखिए, कुछ ग़लत मत समझिए। यों ही मेरे मन में कुछ जिज्ञासा है।''

बिन्नी को अपने हृदय की धड़कन तक सुनाई देने लगी—सीधे ही कुछ पूछ लिया तो?

''सुषमाजी और श्यामजी के सम्बन्ध तो बहुत अच्छे हैं न?''

''हाँ, क्यों?'' विस्मय से बिन्नी ने पूछा।

''उन्होंने दुनिया-भर की बातें की, पर श्यामजी के बारे में पूछने पर ही कुछ बताया, जबकि औरतों के पास बात करने के लिए पति-पुराण के सिवाए और कोई विषय ही नहीं होता।'' और नन्दन हँस पड़ा।

बिन्नी के मन में मुक्ति और हल्की-सी निराशा की भावना एक साथ ही जागी। ''बहुत-बहुत अच्छे हैं। मैंने तो ऐसा डिवोटेड-कपल नहीं देखा।'' और कहने के साथ ही उसके अपने भीतर कहीं एक बिखरा स्वप्न कसमसा उठा।

''उनको देखकर तो मुझे भी यही लगता है, पर जब-जब वे मिलीं उनकी प्रेम और विवाहवाली बातों से लगा, जैसे ये मात्र जिज्ञासाएँ नहीं हैं, मानो इनका सम्बन्ध कहीं व्यक्तिगत जीवन से जुड़ा हुआ है।''

एक क्षण को बिन्नी भीतर तक सिहर उठी, फिर जल्दी ही अपने को सहज बनाती-सी बोली, ''उसकी तो आदत है कि किसी बात के पीछे पड़ जाती है तो जब तक उसका रेशा-रेशा न उधेड़ दे, उसे चैन नहीं मिलता।'' वह मुस्करा दी।

''रियली शी इज ए नाइस लेडी।'' फिर सिगरेट के दो कश एक साथ खींचकर उसने कहा, ''ये सोलह दिन कैसे निकल गए पता ही नहीं लगा। दिनेश ने मुझे कहा था कि खाली समय के लिए यू विल फाइंड देम ए गुड कम्पनी। आप लोगों के साथ बिताए ये दिन याद आएँगे। खासकर झील के किनारे की ये शामें।'' बिन्नी को लगा जैसे नन्दन का स्वर कहीं दूर से आकर उसके मन की गहराइयों में गूँजता चला जा रहा है और अर्थ है कि खुलते चले जा रहे हैं। सुषमा की बात याद आई, 'कोई संकेत दे तो पत्थर होकर मत बैठना' और उसकी तेज निगाहें नन्दन के मन तक पहुँचने के लिए छटपटाने लगीं। पर नन्दन अपने में ही खोया-सा झील की ओर देख रहा था।

चुपचाप बिन्नी घुटने पर ठोढ़ी टिकाए उँगली से ज़मीन पर आड़ी-टेढ़ी लकीरें बनाने लगी।

समय के साथ-साथ उसकी बेचैनी बढ़ने लगी। एक बार उसने उड़ती-सी नज़रों से नन्दन की ओर देखा भी और उसे लगा जैसे नन्दन शब्द ढूँढ़ रहा है। ऐसा कुछ कहने से पहले शायद आदमी इसी तरह चुप हो जाता है। वह शब्द ढूँढ़ता है, मन-ही-मन उन्हें दोहराता है, साहस जुटाता है, सामनेवाले पर होनेवाली प्रतिक्रिया के लिए अपने को तैयार करता है। क्या कहेगा नन्दन?

''दिनेश आपसे पाँच साल बड़े हैं न?''

''हूँ,'' मन की खीज दबाते हुए उसने कहा।

''बहुत बातें किया करते हैं वे आपकी।'' तो बिन्नी का मन हुआ कि पूछे कि भैया उसके बारे में क्या-क्या बातें करते हैं।

''आप पिछले दो सालों से कलकत्ता क्यों नहीं आईं?''

''बस, उधर का प्रोग्राम ही नहीं बना।''

''इस बार क्रिसमस में आइए। उन दिनों कलकत्ता बहुत प्लेजेंट हो उठता है। देखिए तो, उस शोर-शराबे का भी अपना एक आनन्द होता है। फिर मैं आप लोगों को क़तई ऊबने नहीं दूँगा।''

इस आग्रह से बिन्नी कहीं आर्द्र हो उठी। इच्छा हुई खुलकर कह दे—नन्दन, मैं बहुत-बहुत ऊबी हुई हूँ, इस नौकरी से, इसी ज़िन्दगी से। पर वह

कुछ नहीं कह पाई, केवल कुछ और सुनने की आशा से नन्दन की ओर देखती रही।

देखते-ही-देखते अँधेरा आसमान से उतरकर सबको धूमिल बनाता हुआ पानी में घुल गया और उसने झील में तैरते हुए पहाड़ों को निगल लिया। तभी एकाएक घाट की सारी बत्तियाँ जल उठीं और झील में एक सिरे से दूसरे सिरे तक सुनहरी खम्भे झिलमिलाने लगे।

"बिन्नी जी," उसे लगा जैसे नन्दन का हाथ उसके कन्धे पर आ गया है। उसने चौंककर देखा—नहीं, नन्दन वैसे ही दोनों फैली हुई हथेलियाँ पीछे टिकाए बैठा है। उसने साड़ी का पल्ला खींचकर अपना कन्धा ढक लिया। उसे ऐसा क्यों लगा? नन्दन को क्या एक बार भी ख़याल नहीं आया कि वह भी तो एक तरीका हो सकता है।

अभी कुंज होता तो?

"आप बुरा न मानें तो मैं यहाँ थोड़ी देर लेट लूँ।" और बिन्नी कुछ कहती उसके पहले ही बिना उससे पूछे उसने बिन्नी का पर्स उठाया और उसका तकिया बनाकर चित्त लेट गया।

बिन्नी को हल्की-सी निराशा हुई। क्या वह कुछ देर और बात नहीं कर सकता था? पर साथ ही वह आश्वस्त भी हुई। वह लौट चलने की बात भी तो कह सकता था। नहीं, वह लेटकर शायद अपने को साध रहा है। बिन्नी को भी समय दे रहा है। हो सकता है कि इस बार उठकर साफ़-साफ़ ही पूछे। बिन्नी ने ज़रा-सा सिर घुमाकर नन्दन की ओर देखा—छाती पर दोनों हाथों का क्रास बनाए आँख बन्द किए नन्दन चित्त लेटा था। एक झटके-से सारा दृश्य बदल गया।

रीगल के सामने के मैदान का ऐसा ही अँधेरा कोना था और ठीक इसी तरह मुँह पर रूमाल डाले कुंज लेटा था। मुड़े हुए दोनों घुटनों को बाँहों में घेरकर उस पर गाल टिकाए बिन्नी बैठी थी।

दुविधा के ऐसे ही क्षण उन दोनों के बीच में से भी गुज़र रहे थे। कनॉट प्लेस की सारी चहल-पहल से अछूता उसका मन भी इस बात पर केन्द्रित हो आया था कि कुंज क्या कहेगा? बात टूटी भी तो ऐसी जगह थी कि...

"बिन्नी, झगड़ा किया तो तीन साल तक मुड़कर ख़बर तक नहीं ली।

मैंने लिखा कि तुम यदि मुझसे सम्बन्ध नहीं रखना चाहती हो तो मेरे सारे पत्र लौटा दो और तुमने बिना एक क्षण भी यह सोचे कि मुझ पर उसकी क्या प्रतिक्रिया होगी, सारे पत्र लौटा दिए। मैंने भी समझ लिया कि तुमने पत्र नहीं, मेरी सारी भावनाएँ, मेरा सारा प्यार मुझे लौटा दिया। उस समय मेरे पास था ही क्या? बेकार, निठल्ला-सा घूमा करता था...तुमने सोचा होगा कौन लड़की मुझ जैसे व्यक्ति की ज़िन्दगी में आना पसन्द करेगी—बेकारी की मुसीबतों और परेशानियों से भरे वे दिन और ऊपर से तुम्हारा यों कटकर निकल जाना। कितना टूटा-टूटा लगता था उन दिनों मुझे। कितना अकेला हो आया था उन दिनों मैं! और ऐसे में ही मधु जो आई तो बस आती ही चली गई।''

बिन्नी कुछ नहीं बोली थी। केवल उसकी आँखों से आँसू बहते रहे थे। कुंज उन आँसुओं के सामने जैसे बह-सा आया।

''अच्छा बिन्नी, मान लो मैं अपनी ज़िन्दगी के इन दो सालों को पोंछ दूँ और तुम्हारी ओर हाथ बढ़ाऊँ तो? पहले की तरह फिर तो छोड़कर नहीं चल दोगी न? मैं कहीं का भी नहीं रहूँगा।''

''अपनी ही बिन्नी पर तुम्हें विश्वास नहीं?'' भीगे से स्वर से वह केवल इतना ही कह पाई थी। फिर पूछा था, ''पर मधु का क्या होगा?''

''उसे समझाऊँगा, उसे समझना ही होगा।'' कहीं दूर खोया हुआ कुंज बोल रहा था। फिर एकाएक ही फूट पड़ा, ''पर क्या समझाऊँगा? उसका दोष ही क्या है जो उसे इतनी बड़ी सज़ा दूँ?''

और वह मुँह पर रूमाल डालकर घास पर चित्त लेट गया था। बिन्नी निःशब्द रोती रही थी। कनॉट प्लेस का सारा माहौल अपनी रफ़्तार से पूरे शोर-शराबे के साथ गुज़र रहा था।

थोड़ी देर बाद ही कुंज झटके से उठा था और उसका हाथ अपने हाथ में लेकर बोला था, ''व्ही आर मैरिड बिन्नी व्ही आर मैरिड।''

बिन्नी अवाक्-सी उसका मुँह देखने लगी—मानो उन शब्दों का अर्थ समझने की कोशिश कर रही हो। और तब कनॉट प्लेस की सारी लाल-नीली जगमगाती बत्तियाँ उसके चारों ओर सिमट आई थीं और आसमान के सारे तारे दिप्-दिप् करके उसी वाक्य को दोहराने लगे थे।

पर ठीक एक महीने बाद ही—

वह औंधी लेटकर रो रही थी—फूट-फूटकर और बिलख-बिलखकर

और सुषी ग़ुस्से में बावली हो, हवा में मुट्ठियाँ उछाल-उछालकर चिल्ला रही थी, 'झूठा, नीच, धोखेबाज!'

विवाह की सूचना देते हुए कुंज के पत्र के टुकड़े इधर-उधर छितरे पड़े थे।

"अब चला जाए।"

अपने में ही डूबी बिन्नी नन्दन का उठना नहीं जान सकी। पर इस वाक्य ने जैसे उसे कहीं गहरे पानी से उबार लिया। अनायास ही उसके हाथ आँखों पर चले गए, कहीं आँसू तो नहीं आ गए?

"यहाँ लेटा तो समय का कुछ ख़याल ही नहीं रहा, वहाँ खाने पर सब मेरा इन्तज़ार कर रहे होंगे।" खड़े होकर कमीज़ और पतलून झाड़ते हुए कहा।

तब बिन्नी को ख़याल आया कि नन्दन को तो कुछ कहना था। वह आशा कर रही थी कि नन्दन कुछ कहेगा। उसने बड़ी याचना-भरी दृष्टि से देखते हुए कहा, "इन्तजार तो सुषमा भी कर रही होगी।" और अनमनी-सी बिन्नी उठी।

"मुझे बहुत-बहुत अफ़सोस है, क्या करूँ, आप मेरी ओर से माफ़ी माँग लीजिए। उनसे तो गुड-बाई भी नहीं हो सकी।"

बिन्नी घाट पर फैली रोशनी में धीरे-धीरे सरकती दोनों परछाइयों को देखते-देखते आगे बढ़ रही थी। ज़रा-सा आगे-पीछे होने पर दोनों परछाइयाँ एक-दूसरे में घुल-मिल जातीं।

घाट की अन्तिम बत्ती के नीचे नन्दन ने घड़ी देखी "आठ बीस।" फिर क्षमा याचना के स्वर में बोला, "आज तो मैं आपको छोड़ते हुए भी नहीं जा सकूँगा। रात हो गई है, आप अकेली...!"

"मेरी चिन्ता मत करिए, मैं चली जाऊँगी। खेत पार करके ही तो सड़क मिल जाएगी। शायद कोई ताँगा ही मिल जाए।

दोनों कच्चे रास्ते पर आए तो नन्दन ने जेब से टार्च निकालकर जला ली, "आपके पास टार्च भी नहीं है? खेत का यह रास्ता तो बड़ा उबड़-खाबड़ है। न हो तो आप मेरी टार्च ले जाइए।"

"नहीं-नहीं, आप ज़रा भी परेशान न हों। तीन सालों में इस रास्ते से बहुत परिचित हो गई हूँ। मुझे आदत है।"

और जहाँ दोनों के रास्ते अलग होते थे, नन्दन रुका, ''अच्छा बिन्नी जी, अब आप कलकत्ते आएँगी तभी मुलाक़ात होगी। सवेरे तो बहुत जल्दी ही हमको रवाना होना है, मिलने के लिए भी नहीं आ सकूँगा। सुषमा जी को नमस्कार कहिए और मेरा निमंत्रण उन तक भी पहुँचा दीजिए।'' फिर एक क्षण ठहरकर बोला, ''धन्यवाद तो क्या दूँ, फिर भी आप लोगों के साथ समय बहुत अच्छा कटा।''

बिन्नी चुपचाप बस नन्दन के चेहरे को देखने की कोशिश करती रही।

''अच्छा बा-बाई,'' और उसने बिन्नी का हाथ अपने हाथ में लेकर हल्के-से दबाकर छोड़ दिया।

किसी तरह शब्दों को ठेलकर बिन्नी ने कहा, ''भैया-भाभी को याद करिएगा।''

''ज़रूर-ज़रूर।'' और वह मुड़ गया।

बिन्नी पेड़ की आड़ में खड़ी होकर उसको देखती रही। अँधेरे में नन्दन की आकृति एक बड़े-से धब्बे में बदल गई, जो धूमिल और छोटी होते-होते पेड़ों के झुरमुट में अदृश्य हो गई।

अनमनी-सी बिन्नी खेत पार करके सड़क पर आई। घर अभी यहाँ से भी दूर था।

सड़क के दोनों ओर दूर-दूर तक मैदान फैले थे। सिर के ऊपर साफ़ नीला आकाश तना हुआ था, जिस पर सप्तऋषि मंडल का प्रश्नवाचक दिप्-दिप् करके चमक रहा था।

दो कलाकार

''ऐ रूनी उठ,'' और चादर खींचकर, चित्रा ने सोती हुई अरुणा को झकझोरकर उठा दिया।

''क्या है...क्यों परेशान कर रही है?'' आँख मलते हुए तनिक खिझलाहट-भरे स्वर में अरुणा ने पूछा। चित्रा उसका हाथ पकड़कर खींचती हुई ले गई और अपने नए बनाए हुए चित्र के सामने ले जाकर खड़ा करके बोली—''देख, मेरा चित्र पूरा हो गया।''

"ओह! तो इसे दिखाने के लिए तूने मेरी नींद ख़राब कर दी। बद्तमीज़ कहीं की!"

"इस चित्र को ज़रा आँख खोलकर अच्छी तरह तो देख। न पा गई पहला इनाम तो नाम बदल देना।" चित्र को चारों ओर से घुमाते हुए अरुणा बोली, "किधर से देखूँ, यह तो बता दे? हज़ार बार तुझसे कहा कि जिसका चित्र बनाए उसका नाम लिख दिया कर जिससे ग़लतफ़हमी न हुआ करे, वरना तू बनाए हाथी और हम समझें उल्लू।" फिर तस्वीर पर आँख गड़ाते हुए बोली, "किसी तरह नहीं समझ पा रही हूँ कि चौरासी लाख योनियों में से आख़िर यह किस जीव की तस्वीर है?"

"तो आपको यह कोई जीव नज़र आ रहा है? अरे, ज़रा अच्छी तरह देख और समझने की कोशिश कर।"

"यह क्या? इसमें तो सड़क, आदमी, ट्राम, बस, मोटर, मकान—सब एक-दूसरे पर चढ़ रहे हैं, मानो सबकी खिचड़ी पकाकर रख दी हो। क्या घनचक्कर बनाया है?" और उसने वह चित्र रख दिया।

"ज़रा सोचकर बता कि यह किसका प्रतीक है?"

"तेरी बेवकूफ़ी का। आई है बड़ी प्रतीकवाली।"

"ज़रा-सा दिमाग़ लगाने की कोशिश करेगी तो समझ में आ जाएगा कि यह चित्र आज की दुनिया के कन्फ्यूज़न का प्रतीक है। बस, हाँ थोड़ा दिमाग़ होना ज़रूरी है।" चित्रा ने चुटकी ली तो अरुणा भभक उठी—

"मुझे तो तेरे दिमाग़ के कन्फ्यूज़न का प्रतीक नज़र आ रहा है। बिना मतलब ज़िन्दगी ख़राब कर रही है।" और अरुणा मुँह धोने के लिए बाहर चली गई। लौटी तो देखा तीन-चार बच्चे उसके कमरे के दरवाज़े पर खड़े उसकी प्रतीक्षा कर रहे हैं। आते ही बोले, "दीदी! सब बच्चे आकर बैठ गए, चलिए।"

"आ गए सब बच्चे? अच्छा चलो, मैं अभी आई।" बच्चे दौड़ पड़े।

"क्या ये बन्दर पाल रखे हैं तूने भी?" फिर ज़रा हँसकर चित्रा बोली, "एक दिन तेरी पाठशाला का चित्र बनाना होगा। ज़रा लोगों को दिखाया ही करेंगे कि हमारी एक ऐसी मित्र साहबा थीं जो सारे जमादार, दाइयों और चपरासियों के बच्चों को पढ़ा-पढ़ाकर ही अपने को भारी पंडिता और समाज-सेविका समझती थीं।"

"जा-जा, समझते हैं तो समझते हैं। तू जाकर सारी दुनिया में ढिंढोरा

पीटना, हमें कोई शरम है क्या? तेरी तरह लकीरें खींचकर तो समय बर्बाद नहीं करते।" और पैर में चप्पल डालकर वह बाहर मैदान में चली गई, जहाँ बिना किसी आयोजन के ही एक छोटी-सी पाठशाला बनी हुई थी।

रात के दस बजे थे। सारे हॉस्टल की बत्तियाँ नियमानुसार बुझ चुकी थीं। ऊपर के एक तल्ले पर अँधेरे में ही खुसुर-फुसुर चल रही थी। रविवार के दिन तो यों ही छुट्टी का मूड रहता है। दूसरे, दिन में काफ़ी नींद निकाल ली जाती थी, सो दस बजे लड़कियों को किसी तरह भी नींद नहीं आती थी। तभी हॉस्टल के फ़ाटक में जलती हुई टॉर्च लिए कोई घुसा। अपने कमरे की खिड़की में से झाँकते हुए सविता ने कहा, "ठाठ तो हॉस्टल में बस अरुणा ही के हैं, रात नौ बजे लौटो, दस बजे लौटो, कोई बन्धन नहीं। हम लोग तो दस के बाद बत्ती भी नहीं जला सकते।"

"लौट आईं अरुणा दी? आज सवेरे से ही वे बड़ी परेशान थीं। फुलिया दाई का बच्चा बड़ा बीमार था, दोपहर से वे उसी के यहाँ बैठी थीं। पता नहीं, क्या हुआ बेचारे का?" शीला ने ठंडी साँस भरते हुए कहा।

"तू बड़ी भक्त है अरुणा दी की!"

"उनके जैसे गुण अपना ले तेरी भी भक्त हो जाऊँगी।"

"मैं कहती हूँ, उन्हें यही सब करना है तो कहीं और रहें, हॉस्टल में रहकर यह जो नवाबी चलाती हैं, सो तो हमसे बर्दाश्त नहीं होती। सारी लड़कियाँ डरती हैं तो कुछ कहती नहीं, पर प्रिंसिपल और वार्डन तक रोब खाती हैं इनका, तभी तो सब प्रकार की छूट दे रखी है।"

"तू भी जिस दिन हाड़ तोड़कर दूसरों के लिए यों परिश्रम करने लग जाएगी न, उस दिन तेरा भी सब रोब खाने लगेंगे। पर तुम्हें तो सजने-सँवरने से ही फुर्सत नहीं मिलती, दूसरों के लिए क्या ख़ाक काम करोगी।"

"अच्छा-अच्छा चल, अपना लैक्चर अपने पास रख।"

अरुणा अपने कमरे में घुसी तो बहुत ही धीरे-से, जिससे चित्रा की नींद न ख़राब हो। पर चित्रा जग ही रही थी। दोपहर से अरुणा बिना खाए-पिए बाहर थी, उसे नींद कैसे आती भला? मेस से उसका खाना लाकर उसे मेज़ पर ढँककर रख दिया था। अरुणा के आते ही वह उठ बैठी और पूछा, "बड़ी देर लग गई, क्या हुआ रूनी!"

"वह बच्चा नहीं बचा चित्रा। किसी तरह उसे नहीं बचा सके।" और उसका स्वर किसी गहरे दुःख में डूब गया।

चित्रा ने माचिस लेकर लैम्प जलाया और स्टोव जलाने लगी खाना गरम करने के लिए। तभी अरुणा ने कहा, "रहने दे चित्रा, मैं खाऊँगी नहीं, मुझे ज़रा भी भूख नहीं है।" और उसकी आँखें फिर छलछला आईं।

बहुत ही स्नेह से अरुणा की पीठ थपथपाते हुए चित्रा ने कहा, "जो होना था सो हो गया, अब भूखे रहने से क्या होगा, थोड़ा-बहुत खा ले।"

"नहीं चित्रा, अब रहने दे, बस तू लैम्प बुझा दे।"

उसके बाद दो-तीन दिन तक अरुणा बहुत ही उदास रही, लेकिन समय के साथ-साथ यह ग़म भी जाता रहा, और सब काम ज्यों-का-त्यों चलने लगा।

चार बजते ही कॉलेज से सारी लड़कियाँ लौट आईं, पर अरुणा नहीं लौटी। चित्रा चाय के लिए उसकी प्रतीक्षा कर रही थी। "पता नहीं कहाँ-कहाँ अटक जाती है, बस इसके पीछे बैठे रहा करो।

"अरे, क्यों बड़-बड़ कर रही है। ले मैं आ गई। चल, बना चाय।"

"तेरे मनोज की चिट्ठी आई है।"

"कहाँ, तूने तो पढ़ ही ली होगी फाड़कर।"

"चल हट, ऐसी बोर चिट्ठियाँ पढ़ने का फालतू समय किसके पास है? तुम्हारी चिट्ठियों में रहता ही क्या है जो कोई पढ़े। बड़े-बड़े आदर्श की बातें, मानो ख़त न हुआ लैक्चर हुआ।"

"अच्छा-अच्छा, तू लिखा करना रसभरी चिट्ठियाँ, हमें तो वह सब आता नहीं।" वह लिफ़ाफ़ा फाड़कर पत्र पढ़ने लगी। जब उसका पत्र समाप्त हो गया तो चित्रा बोली, "आज पिताजी का भी पत्र आया है, लिखा है जैसे ही यहाँ का कोर्स समाप्त हो जाए, मैं विदेश जा सकती हूँ। मैं जानती थी, पिताजी कभी मना नहीं करेंगे।"

"हाँ भाई! धनी पिता की इकलौती बिटिया ठहरी! तेरी इच्छा कभी टाली जा सकती है। पर सच कहती हूँ, मुझे तो यह सारी कला इतनी निरर्थक लगती है, इतनी बेमतलब लगती है कि बता नहीं सकती। किस काम की ऐसी कला, जो आदमी को आदमी न रहने दे।"

"तो तू मुझे आदमी नहीं समझती, क्यों?"

"तुझे दुनिया से कोई मतलब नहीं, दूसरों से कोई मतलब नहीं, बस चौबीस घंटे अपने रंग और तूलियों में डूबी रहती है। दुनिया में बड़ी-से-बड़ी घटना घट जाए, पर यदि उनमें तेरे चित्र के लिए कोई आइडिया न हो तो तेरे लिए वह घटना कोई महत्त्व नहीं रखती। बस, हर घड़ी, हर जगह और हर

चीज़ में से तू अपने चित्रों के लिए मॉडल खोजा करती है।''

''मेरी इस लगन को देखकर ही तो गुरुजी कहते हैं कि वह समय दूर नहीं, जब हिन्दुस्तान के कोने-कोने में मेरी शोहरत गूँज उठेगी। अमृता शेरगिल की तरह मेरा भी नाम गूँज उठे, बस यही तमन्ना है।''

''काग़ज़ पर इन निर्जीव चित्रों को बनाने की बजाय दो-चार की ज़िन्दगी क्यों नहीं बना देती, तेरे पास सामर्थ्य है, साधन हैं।''

''वह काम तो तेरे और मनोज के लिए छोड़ दिया है। तुम दोनों ब्याह कर लो और फिर जल्दी से सारी दुनिया का कल्याण करने के लिए झंडा लेकर निकल पड़ना!'' और चित्रा हँस पड़ी। फिर बोली—

''अच्छा, यह बता कि तेरे यह सब करने से ही क्या हो जाएगा? तूने अपनी अनोखी पाठशाला में दस-बीस बच्चे पढ़ा दिए, तो क्या निरक्षरता मिट जाएगी, या झोंपड़ी में दस-बीस औरतों को हुनर सिखाकर कुछ कमाने लायक बना दिया तो उससे ग़रीबी मिट जाएगी? अरे, यह सब काम एक के किए होते नहीं। जब तक समाज का सारा ढाँचा नहीं बदलता तब तक कुछ होने का नहीं, और ढाँचा ही बदल गया तो तेरे-मेरे को कुछ करने की ज़रूरत नहीं, सब अपने-आप ही हो जाएगा।''

फिर दोनों में कला और जीवन को लेकर लम्बी-लम्बी बहसें होतीं और चित्रा अन्त में कान पर हाथ धरकर उठ जाती, ''अच्छा-अच्छा, बन्द कर यह लेक्चरबाज़ी। बोर कहीं की!'' यह पिछले पाँच वर्षों से इसी प्रकार चल रहा था। हर दस-बीस दिन बाद दोनों में अपने-अपने उद्देश्यों को लेकर, अपनी-अपनी दिनचर्या को लेकर एक गरमागरम बहस हो ही जाती, पर न वह उसकी बात का लोहा मानती थी, न वह उसकी बात की कायल होती थी।

तीन दिन से मूसलाधार वर्षा हो रही थी। रोज़ अख़बारों में बाढ़ की ख़बरें आती थीं। बाढ़-पीड़ितों की दशा बिगड़ती जा रही थी, और वर्षा थी कि थमने का नाम ही नहीं लेती थी। अरुणा सारे दिन चन्दा इकट्ठा करने में व्यस्त रहती। एक दिन आख़िर चित्रा ने कह ही दिया, ''तेरे इम्तिहान सर पर आ रहे हैं, कुछ पढ़ती-लिखती तू है नहीं, सारे दिन बस भटकती रहती है। फेल हो गई तो तेरे ससुर साहब क्या सोचेंगे कि इतना पैसा बेकार ही पानी में बहाया।''

"आज शाम को एक स्वयंसेवकों का दल जा रहा है, प्रिंसिपल से अनुमति ले ली, मैं भी उनके साथ जा रही हूँ।" चित्रा की बात को बिना सुने उसने कहा।

शाम को अरुणा चली गई। पन्द्रह दिन बाद वह लौटी तो उसकी हालत काफ़ी ख़स्ता हो रही थी। सूरत ऐसी निकल आई थी मानो छह महीने से बीमार हो। चित्रा उस समय अपने गुरुदेव के पास गई हुई थी। अरुणा नहा-धोकर, खा-पीकर लेटने लगी, तभी उसकी नज़र चित्रा के नए चित्रों की ओर गई। तीन चित्र बने रखे थे, तीनों बाढ़ के चित्र थे। जो दृश्य वह अपनी आँखों से देखकर आ रही थी, वैसे ही दृश्य यहाँ भी अंकित थे। उसका मन जाने कैसा-कैसा हो आया। वहाँ लोगों के जीने के लाले पड़ रहे हैं और उसमें भी इसे चित्रकारी ही सूझती है। और न जाने कितनी बातें सोचते-सोचते वह सो गई।

शाम को चित्रा तो अरुणा को देखकर बड़ी प्रसन्न हुई। "गनीमत है, तू लौट आई। मैं तो सोच रही थी कि कहीं तू बाढ़-पीड़ितों की सेवा करती ही रह जाए और मैं जाने से पहले तुझसे मिल भी न पाऊँ।"

"क्यों, तेरा जाने का तय हो गया?"

"हाँ, अगले बुध को मैं घर जाऊँगी और बस एक सप्ताह बाद हिन्दुस्तान की सीमा के बाहर पहुँच जाऊँगी।" उल्लास उसके स्वर में छलका पड़ रहा था।

"सच कह रही है, तू चली जाएगी चित्रा! छः साल से तेरे साथ रहते-रहते यह बात ही मैं तो भूल गई कि हमको अलग भी होना पड़ेगा। तू चली जाएगी तो मैं कैसे रहूँगी?"

"अरे, दो महीने बाद शादी कर लेगी, फिर याद भी न रहेगा कि कौन कम्बख़त थी चित्रा! बड़ी लालसा थी तेरी शादी में आने की, पर अब तो आ नहीं सकूँगी। अच्छी तरह शादी करना, दोनों मिलकर सारे समाज का और सारे संसार का कल्याण करना।"

पर अरुणा के कानों में उसकी कोई भी बात नहीं पड़ रही थी। चित्रा के साथ बिताए हुए पिछले छः सालों के चित्र उसकी आँखों के सामने घूम रहे थे और वह उन्हीं में खोई बैठी रही।

"क्या सोचने लगी रूनी! मनोज की याद आ गई क्या?"

"चल हट! हर समय का मज़ाक अच्छा नहीं लगता।"

उस दिन रात में भी अरुणा अपने और चित्रा के बारे में ही सोचती रही। दोनों के आचार-विचार, रहन-सहन, रुचि आदि में ज़मीन-आसमान का अन्तर था, फिर भी कितना स्नेह था दोनों में। सारा हॉस्टल उनकी मित्रता को ईर्ष्या की नज़र से देखता था। जब उसके बी.ए. के इम्तिहान थे तो चित्रा कितना ख़याल रखती थी उसका। वह अक्सर चित्रा को डाँट दिया करती थी, पर कभी उसने बुरा नहीं माना। यही चित्रा अब चली जाएगी—बहुत-बहुत दूर। ये दो महीने भी कैसे निकालेगी? और यही सब सोचते-सोचते उसे नींद आ गई।

आज चित्रा को जाना था। हॉस्टल से उसे बड़ी शानदार विदाई मिली थी। अरुणा सवेरे से ही उसका सारा सामान ठीक कर रही थी। एक-एक करके चित्रा सबसे मिल आई। बस गुरुजी के घर की तरफ़ चल पड़ी। तीन बज गए, पर वह लौटी नहीं। अरुणा उसका सारा काम समाप्त करके उसकी राह देख रही थी। और भी कई लड़कियाँ वहाँ जमा थीं, कुछ बार-बार आकर पूछ जाती थीं, चित्रा लौटी या नहीं? पाँच बजे की गाड़ी से वह जानेवाली है। अरुणा ने सोचा, वह खुद जाकर देख आए कि आख़िर बात क्या हो गई। तभी हड़बड़ाती-सी चित्रा ने प्रवेश किया, ''बड़ी देर हो गई ना! अरे क्या करूँ, बस, कुछ ऐसा हो गया कि रुकना ही पड़ा।''

''आख़िर क्या हो गया ऐसा, जो रुकना ही पड़ा, सुनें तो।'' दो-तीन कंठ एक साथ बोले।

''गर्ग-स्टोर के सामने पेड़ के नीचे अक्सर एक भिखारिनी बैठी रहा करती थी ना, लौटी तो देखा कि वह वहीं मरी पड़ी है और उसके दोनों बच्चे उसके सूखे शरीर से चिपककर बुरी तरह रो रहे हैं। जाने क्या था उस सारे दृश्य में कि मैं अपने को रोक नहीं सकी—एक रफ़-सा स्केच बना ही डाला। बस, इसी में इतनी देर हो गई।'' चर्चा इसी पर चल पड़ी, ''कैसे मर गई, कल तो उसे देखा था।'' किसी ने दार्शनिक की मुद्रा में कहा, ''अरे, ज़िन्दगी का क्या भरोसा, मौत कहकर थोड़े आती है।'' आदि-आदि। पर इस सारी चर्चा से अरुणा कब खिसक गई, कोई जान ही नहीं पाया।

साढ़े चार बजे चित्रा हॉस्टल के फाटक पर आ गई, पर तब तक अरुणा का कहीं पता नहीं था। बहुत सारी लड़कियाँ उसे छोड़ने को स्टेशन आईं, पर चित्रा की आँखें बराबर अरुणा को ढूँढ़ रही थीं। उसे दृढ़ विश्वास था कि वह इस विदाई की बेला में उससे मिलने ज़रूर आएगी। पाँच भी बज

गए, रेल चल पड़ी, अनेक रूमालों ने हिल-हिलकर चित्रा को विदाई दी, पर उसकी आँसूभरी आँखें किसी और को ही ढूँढ़ रही थीं—पर अरुणा न आई सो न आई।

विदेश जाकर चित्रा तन-मन से अपने काम में जुट गई। उसकी लगन ने उसकी कला को निखार दिया। विदेशों में उसके चित्रों की धूम मच गई। भिखमंगी और दो अनाथ बच्चों के उस चित्र की प्रशंसा में तो अख़बारों के कॉलम-के-कॉलम भर गए। शोहरत के ऊँचे कगार पर बैठ, चित्रा जैसे अपना पिछला सबकुछ भूल गई। पहले वर्ष तो अरुणा से पत्र-व्यवहार बड़े नियमित रूप से चला, फिर कम होते-होते एकदम बन्द हो गया। पिछले एक साल से तो उसे यह भी नहीं मालूम कि वह कहाँ है। नई कल्पनाएँ और नए-नए विचार उसे नवीन सृजन की प्रेरणा देते और वह उन्हीं में खोई रहती। उसके चित्रों की प्रदर्शनियाँ होतीं। अनेक प्रतियोगिताओं में उसका 'अनाथ' शीर्षकवाला चित्र प्रथम पुरस्कार पा चुका था। जाने क्या था उस चित्र में, जो देखता, वही चकित रह जाता। दुःख-दारिद्र्य और करुणा जैसे साकार हो उठे थे। तीन साल बाद जब वह भारत लौटी तो बड़ा स्वागत हुआ उसका। अख़बारों में उसकी कला पर, उसके जीवन पर अनेक लेख छपे। पिता अपनी इकलौती बिटिया की इस कामयाबी पर गद्गद थे—समझ नहीं पा रहे थे कि उसे कहाँ उठाएँ, कहाँ बिठाएँ। दिल्ली में उसके चित्रों की प्रदर्शनी का विराट् आयोजन किया गया। उद्घाटन करने के लिए उसे ही बुलाया गया था। उस प्रदर्शनी को देखने के लिए जनता उमड़ पड़ी थी, भूरि-भूरि प्रशंसा हो रही थी और चित्रा को लग रहा था, जैसे उसके सपने साकार हो गए।

उस भीड़-भाड़ में अचानक उसकी भेंट अरुणा से हो गई। "रूनी!" कहकर वह भीड़ की उपस्थिति को भूलकर अरुणा के गले से लिपट गई। "तुझे कबसे चित्र देखने का शौक़ हो गया रूनी!"

"चित्रों को नहीं, चित्रा को देखने आई थी। तू तो एकदम भूल ही गई।"

"ये बच्चे किसके हैं?" दो प्यारे से बच्चे अरुणा से सटे खड़े थे। लड़के की उम्र कोई आठ साल की होगी शायद तो लड़की पाँच के आसपास की होगी।

"मेरे बच्चे हैं, और किसके! ये तुम्हारी चित्रा मासी हैं, नमस्ते करो अपनी मासी को।" अरुणा ने आदेश दिया।

बच्चों ने बड़ी अदा से नमस्ते किया। पर चित्रा अवाक् होकर कभी उनका और कभी अरुणा का मुँह देख रही थी। वह सारी बात का कुछ तुक नहीं मिला पा रही थी। तभी अरुणा ने टोका, ''कैसी मासी है, प्यार तो कर।'' और चित्रा ने दोनों के सिर पर हाथ फेरा। प्यार का ज़रा-सा सहारा पाकर लड़की चित्रा की गोदी में जा चढ़ी। अरुणा ने कहा, ''तुम्हारी ये मासी बहुत अच्छी तस्वीरें बनाती हैं, ये सारी तस्वीरें इन्हीं की बनाई हुई हैं।''

''सच?'' आश्चर्य से बच्ची बोल पड़ी। ''तब तो मासी, तुम ज़रूर ड्राइंग में फर्स्ट आती होओगी। मैं भी अपनी क्लास में फर्स्ट आती हूँ—तुम हमारे घर आओगी तो अपनी कॉपी दिखाऊँगी।'' बच्ची के स्वर में मुक़ाबले की भावना थी। चित्रा और अरुणा इस बात पर हँस पड़ीं।

''आप हमें सब तस्वीरें दिखाइए मासी, समझा-समझाकर।'' बच्चे ने फ़रमाइश की। चित्रा समझाती तो क्या, यों ही तस्वीरें दिखाने लगी। घूमते-घूमते वे उसी भिखारिनीवाली तस्वीर के सामने आ पहुँचे। चित्रा ने कहा, ''यही वह तस्वीर है रूनी, जिसने मुझे इतनी प्रसिद्धि दी।''

''ये बच्चे रो क्यों रहे हैं मासी?'' तस्वीर को ध्यान से देखकर बालिका ने कहा।

''इनकी माँ मर गई, देखती नहीं मरी पड़ी है। इतना भी नहीं समझती!'' बालक ने मौका पाते ही अपने बड़प्पन की छाप लगाई।

''ये सचमुच के बच्चे थे मासी?'' बालिका का स्वर करुण-से-करुणतर होता जा रहा था।

''और क्या, सचमुच के बच्चों को देखकर ही तो बनाई थी यह तस्वीर।''

''हाय राम! इनकी माँ मर गई तो फिर इन बच्चों का क्या हुआ?'' बालक ने पूछा।

''मासी, हमें ऐसी तस्वीर नहीं, अच्छी-अच्छी तस्वीरें दिखाओ, राजा, रानी की, परियों की—'' उस तस्वीर को और अधिक देर तक देखना बच्ची के लिए असह्य हो उठा था। तभी अरुणा के पति आ पहुँचे। परिचय हुआ। साधारण बातचीत के पश्चात् अरुणा ने दोनों बच्चों को उनके हवाले करते हुए कहा, ''आप ज़रा बच्चों को प्रदर्शनी दिखाइए, मैं चित्रा को लेकर घर चलती हूँ।''

बच्चे इच्छा न रहते हुए भी पिता के साथ विदा हुए। चित्रा को दोनों बच्चे बड़े ही प्यारे लगे। वह उन्हें एकटक देखती रही। जैसे ही वे आँखों

से ओझल हुए उसने पूछा, "सच-सच बता रूनी! ये प्यारे-प्यारे बच्चे किसके हैं?"

"कहा तो, मेरे।" अरुणा ने हँसते हुए कहा।

"अरे, बताओ ना! मुझे ही बेवकूफ़ बनाने चली है।"

एक क्षण रुककर अरुणा ने पूछा, "बता दूँ?" और फिर उस भिखारिनी वाले चित्र के दोनों बच्चों पर अँगुली रखकर बोली, "ये ही वे दोनों बच्चे हैं।"

"क्याऽऽऽ!" विस्मय से चित्रा की आँखें फैली-की-फैली रह गईं।

"क्या सोच रही है, चित्रा?"

"कुछ नहीं—मैं...मैं सोच रही थी कि..." पर शब्द शायद उसके विचारों में ही खो गए।

चश्मे

बरामदे के दरवाज़ों के आख़िरी ताले को झटका देकर जब मिसेज वर्मा आश्वस्त हुईं तो उसी समय भीतर ड्राइंग-रूम की घड़ी ने साढ़े ग्यारह बजे का एक घंटा बजाया। बीच में रखी हुई ड्रेसिंग टेबिल से उन्होंने दूध का गिलास उठाया तो काली-सी परछाईं शीशे में उस समय तक दिखाई देती रही जब तक वे बरामदे की आख़िरी सीढ़ी नहीं उतर गईं। लॉन की नमी को उन्होंने चप्पलों के पार भी महसूस किया। कैसी शान्ति थी! वर्गाकार लॉन के चारों तरफ़ की क्यारियों की फूल और मेहँदी की लाइनें चाँदनी में पड़ती अपनी परछाइयों के साथ ऐसी लगती थीं जैसे किसी ने हरे कैनवास पर चौखटा जड़ दिया हो। बीचोंबीच मसहरी लगी, पास-पास पड़ी दोनों चारपाइयों तक पहुँचते हुए मिसेज वर्मा को ऐसा लगा जैसे वे गहरे हरे पानी के बीच में बने संगमरमर के दो द्वीपों तक जा रही हों। मिस्टर वर्मा टेबिल-लैम्प लगाए अपनी फाइलों में उलझे थे। काली-काली मोटी कमानियोंवाला चश्मा उनके आधे चेहरे को ढके हुए था। इतना बड़ा चश्मा मिसेज वर्मा को कभी अच्छा नहीं लगा, लेकिन मिस्टर वर्मा का तर्क था कि आँखें बहुत कमज़ोर हैं, और ज़्यादा पावर के मोटे-मोटे काँचों को पतली कमानियाँ सँभाल नहीं सकतीं। प्लेट में रखे हुए ग्लास को टेबिल-लैम्प की बगल में रखते हुए मिसेज वर्मा ने झुंझलाकर कहा—"इतनी

अच्छी चाँदनी छिटकी है और तुम हो कि इस समय भी इन फाइलों से ही मगजपच्ची कर रहे हो। परे करो इस फ़ाइल को।''

बिना कोई प्रतिक्रिया दिखाए मिस्टर वर्मा ने व्यस्त-सी—''हूँ!'' की और अपनी फाइलों में उलझे रहे। फिर सहसा चौंककर बोले—''बस, जरा ये एक पेज रह गया है, उसके बाद अभी रखता हूँ।''

''तुम्हारा पेज आज तक कभी ख़त्म हुआ भी है जो अभी होगा?'' मिसेज वर्मा ने खट टेबिल-लैम्प का स्विच दबा दिया। पहले तो मिस्टर वर्मा कुछ भी न देख पाए लेकिन फिर मसहरी के चँदोवे के नीचे बच्चू के बगल में बैठी शरारत के साथ मुस्कुराती हुई मिसेज वर्मा का चेहरा उनकी आँखों के आगे स्पष्ट हो गया। गोदी में दोनों हाथ रखे चारपाई की पाटी पर बैठीं हुईं मिसेज वर्मा दोनों पाँव हिला रही थीं। मानों कह रही हों—''पढ़ो, अब कैसे पढ़ते हो?'' मिस्टर वर्मा ने रुपहले अबीर से छाए आसमान को देखते हुए पूछा, ''आख़िर आज बात क्या है?'' मिसेज वर्मा एकदम बोलीं, ''सुनो सुबह 'स्टेट्समैन' में जो ख़बर पढ़ी थी, दिन-भर मेरे दिमाग़ में घूमती रही।''

उँगलियों से माथा टटोलते हुए मिस्टर वर्मा ने अलसाए स्वर में पूछा—''कौन-सी ख़बर? मुझे तो याद नहीं है!''

''अरे लो! सुबह इतनी तो बातें हुई थीं। वही, फाँसी पाए हुए क़ैदी से एक लड़की ने शादी कर ली है। मैं दिन-भर सोचती रही—आख़िर उसने क्या सोचकर उससे शादी की? उसके मन में यह बात नहीं आई कि पन्द्रह दिन बाद ही उसे ज़िन्दगी-भर के लिए वैधत्य झेलना पड़ेगा।

सारा आलस्य छोड़कर मिस्टर वर्मा एक झटके के साथ उठ बैठे—''हूँह, बेवकूफी के सिवा और इसमें है क्या। तुम्हारे दिमाग़ को भी अधकचरी भावुकता की बातें ही अपील करती हैं।'' हाथ बढ़ाकर उन्होंने फिर स्विच ऑन कर दिया, और खुली पड़ी हुई फाइल की ओर मुड़े।

अप्रभावित मिसेज वर्मा अपने प्रवाह में कहती रहीं—''अधकचरी भावुकता? मैं भी तो यही सोचती रही दिनभर कि आख़िर कैसी है यह भावुकता जिसके बहाव में पूरी ज़िन्दगी को यें दाँव पर लगा दिया जाए। अच्छा देखो, मैंने इसी पर दोपहर में एक कहानी लिखी। सारी स्थिति को ऐसे ढंग से रखने की कोशिश की है कि तुम भी मान जाओगे।'' और उन्होंने झुककर झट तकिए के नीचे रखे मुड़े हुए काग़ज़ों को बाहर निकाल लिया। बोलीं, ''इस कहानी का हीरो आतंकवादी क्रान्तिकारी है।''

लेकिन जब मिसेज वर्मा ने देखा कि मिस्टर वर्मा तो फिर अपनी फाइलों में डूब गए हैं तो उनका मन हल्की झुँझलाहट से भर गया। कहा—"तुम मुझे दस मिनट का समय भी नहीं दे सकते हो? आख़िर कितनी ज़रूरी हैं ये फाइलें?"

मिसेज वर्मा उठीं और मिस्टर वर्मा के पीछे जाकर शरारती बच्चे की तरह उनका मोटे शीशोंवाला चश्मा उतार लिया, जिसके बिना वर्मा साहब काफ़ी असहाय हो जाते हैं।

"अरे यह क्या कर रही हो?"

"अब तुम्हें मेरी कहानी सुननी ही पड़ेगी। तुम चाहे इस घटना को महज बेवकूफी कहो, पर मैं दावे के साथ कह सकती हूँ कि मेरी कहानी सुनने के बाद निश्चय ही तुम अपनी राय बदल दोगे।"

वर्मा साहब को लगा जैसे एकाएक उनका जी मिचला रहा है। बड़ी बेचैनी के साथ बोले—

"आज दूध कैसा था? जी जाने कैसा-कैसा हो रहा है।"

"दूध में तो कुछ भी नहीं था। मैंने भी अभी-अभी पिया, मुझे तो कुछ नहीं हो रहा।" कहानी सुनाने को अधीर मिसेज वर्मा बोलीं और कहानी लेकर बैठ गईं। बिना चश्मे के मिस्टर वर्मा ने अपनी उँगलियों से अपनी आँखें बन्द कर लीं, फिर अधलेटी मुद्रा में वे कहानी सुनने लगे। उन्होंने आँखें खोलीं तो देखा, चाँदनी की चमक बहुत धुँधली पड़ गई है। उन्हें लगा जैसे धुँध की एक परत सारे वातावरण पर छा गई है और आसपास का सभी कुछ बड़ा धुँधला, बड़ा अस्पष्ट हो उठा है। हाथों में काग़ज़ लिये सामने बैठी मिसेज वर्मा की धुँधली आकृति और भी धुँधली हो गई—होती गई और एकदम गायब ही हो गई। मिसेज वर्मा के हल्की झुर्रियोंवाले साँवले चेहरे की जगह एक कमनीय, कमसिन-सा गोरा-चिट्टा चेहरा उभर आया—फूल-सा खिला हुआ।

"कहो गीत पसन्द आया?" पुस्तक बन्द करते हुए शैल ने पूछा।

"धत्तेरे की, ऐसी चाँदनी रात में ऐसा नीरस गीत!" निर्मल ने चिढ़ाते हुए कहा।

"जाओ, आगे से तुम्हें कभी गीत नहीं सुनाएँगे।"

"तो कहा किसने था तुम्हें गीत सुनाने को!"

शैल का फूला हुआ मुँह एकाएक ही कुछ याद आ जाने से खिल पड़ा।

ग़ुस्सा भूलकर चोटी को अँगुलियों में लपेटते हुए एक नटखट बच्चे की तरह वह बोली—

"एक ख़बर सुनाऊँ तुम्हें? देखें तुम कहाँ तक गैस कर सकते हो?"

"मुझे क्या मालूम तुम क्या सुनाओगी? मैं क्या कोई ज्योतिषी हूँ।"

"बस हार गए अभी से?"—और वह खिलखिला पड़ी, "अरे कुछ तो अन्दाज़ भिड़ाओ, दिमाग़ लगाओ, शुरू में ही हाथ-पैर पटक दिए?"

"सुनाना हो तो सुनाओ, नहीं तो अपने पेट में रखो। हमें नहीं सुनना तुम्हारी बात।"

"कैसे नहीं सुनना है मि. निर्मल वर्मा!" ठुनकते हुए शैल बोली—"सुनना ही पड़ेगा, फिर बात कोई हमारे अकेले की तो है नहीं। तुम्हारी भी तो है..."

"अच्छा बताएँ...पापा ने अगले साल गर्मियों में शादी तय कर दी है...23 मई।" और उसके गालों में गुलाब खिल आए।

"अरे, तुम्हारा ध्यान कहाँ है?" मिसेज वर्मा ने शून्य में खोए हुए मि. वर्मा की ओर देखकर कहा।

"हूँ!" स्वर जैसे कहीं दूर घाटियों से टकराकर आया।

"देखो, ध्यान से सुनना। इसकी एक-एक बात मार्क करने लायक है।"

"हाँ! हाँ! तुम पढ़ो, मैं सुन रहा हूँ—खोए से स्वर में मि. वर्मा बोले।

मिसेज वर्मा ने अपनी कहानी के टूटे हुए सूत्र को जोड़ते हुए कहानी पढ़ना आरम्भ किया—

"मैंने कितनी बार कहा लीला, तुम यहाँ न आया करो! मैं आज तक नहीं समझ पाया कि मुझ में ऐसा कौन-सा आकर्षण है जो तुम यों सुध-बुध भूलकर अपने को वारे बैठी हो। जिसका हर पल खतरे से भरा हो उस व्यक्ति के जीवन से तुम्हें क्या मिलेगा? हम लोगों की ज़िन्दगी का क्या ठीक है—आज पुलिस ने घेर लिया, कल फाँसी। क़दम-क़दम पर खतरा..."

"कैसी बातें करते हो, तुम यदि बड़े से बड़ा खतरा झेल सकते हो तो क्या मैं नहीं झेल सकती? मुझे इतना पराया समझते हो?"

"देखो लीला! मैं बड़े से बड़ा खतरा उठा सकता हूँ, पर नहीं चाहता कि दुःख की एक हल्की-सी लौ भी तुम्हारे तन-मन को झुलसाए—तुम्हारा

छोटा-सा दुःख भी शायद मुझसे बर्दाश्त न होगा। इसी से कहता हूँ—तुम यहाँ मत आया करो—मत आया करो!"

मिस्टर वर्मा को लगा जैसे मिसेज वर्मा के शब्द निस्तब्ध शून्य वातावरण में खोते चले जा रहे हैं। जाने कहाँ से आती हुई ध्वनियाँ उनके कानों से टकराने लगीं...।

"तुम यहाँ मत आया करो, शैल, जानती हो मुझे चिकन-पॉक्स है। कहीं तुम्हें भी हो गया तो...?"

"धत्! पागल कहीं के!...और हो जाए तो हो जाए। इस डर से क्या मैं तुम्हारे पास आना छोड़ दूँ? मेरा वश चलता तो तुम्हें अपने घर ले जाकर रखती, पर छोटी ममी छूत-छात मानती हैं—इसी से कहने की हिम्मत नहीं होती।"

"छूत-छात की बीमारी में परहेज़ तो रखना ही चाहिए।—अच्छा उठो, मेरे बिस्तर पर तो मत बैठो।"

"मैं तो यहीं बैठूँगी! मैं तुम्हारी जगह होऊँ और तुम मुझसे ऐसा परहेज़ करो तो तुमसे बात भी न करूँ।" और वह बड़े प्यार से बालों में उँगलियाँ डालकर सहलाने लगी। निर्मल के बदन की जलन पर मानो किसी ने ठंडी चीज़ का लेप कर दिया। एक घंटा बिताकर वह गई तो आधी बीमारी अपने साथ लेती गई। दूसरे दिन ढेर सारे फल और फूलों के साथ वह आई और बोली—"तुम्हारे पिताजी की स्वीकृति का पत्र तो आ गया पर वे चाहते हैं कि तुम अच्छे होते ही एक साल की ट्रेनिंग के लिए चले जाओ। बोलो जाओगे?" उसका उत्तर सुनने के लिए शैल की आँखें निर्मल के चेहरे पर टिक गईं, अनार छीलते हुए उसके हाथ जहाँ-के-तहाँ रुक गए। अपने नेत्रों से शैल के गालों को दुलारते हुए निर्मल ने कहा, "मन नहीं होता तुमसे दूर होने का। यहाँ हूँ तो रोज़ मिल तो लेते हैं, और तुम्हें कैसे बताऊँ शैल! यह मुलाकात मेरे जीवन का आवश्यक अंग बन गई है, जिसके बिना अब मैं शायद रह न सकूँ।" अनार के लाल दानों को अपनी गुलाबी उँगलियों से निर्मल के मुँह में डालते हुए शैल ने पूछा, "तब पिताजी को क्या लिखोगे?"

अनार की प्लेट को अपनी ओर सरकाते हुए निर्मल ने कहा—"लाओ, मैं खुद खा लूँगा"—और वह बैठने का प्रयास करने लगा।

''क्यों, मेरे हाथों से क्या अनार की मिठास जाती रहती है?''—और प्लेट उसने वापस खींच ली।

''पगली!'' निर्मल फिर लेट गया। थोड़ी देर तक बड़े भावपूर्ण नेत्रों से घूमते हुए पंखे को निहारते हुए बोला—''पिताजी के सामने कुछ-न-कुछ बहाना तो बनाना ही होगा शैल, पर मैं यहाँ से कहीं न जाऊँगा।''

मन-ही-मन निहाल होते हुए शैल ने बड़ी अदा से आँखें नचाते हुए कहा—''हाय राम! इतने बड़े होकर झूठ बोलोगे!'' और अपनी ही बात पर वह खिलखिलाकर हँस पड़ी।

बच्चू के चीख पड़ने से मिस्टर वर्मा के कानों में पड़ती हुई खिलखिलाहट की ध्वनि जाने कहाँ खो गई! खीझकर बोले—''अरे पहले उसे तो चुप कराओ।'' उन्हें लगा जैसे कोई बहुत ही सुन्दर स्वप्न वे देख रहे थे, जो इस बच्चे के रोने से ही बिखर गया।

मिसेज वर्मा उठीं। बच्चू को थपककर सुलाते हुए बोलीं—''यह नींद में जाने क्या-क्या देखता है। हर रोज़ एक-दो बार इसी तरह चीख पड़ता है।''

बच्चे को चुप कराकर मिसेज वर्मा ने काग़ज़ उठाया और फिर कहानी पढ़ने बैठ गईं। पर आँखें मूँदे वर्मा साहब अपने में ही लीन उस बिखरे सपने के टूटे हुए सूत्र को खोज रहे थे। लेकिन बच्चू के रोने में खिलखिलाता हुआ जो चेहरा खो गया, सो खो ही गया। लाख प्रयत्न करने पर भी वह फिर नहीं उभरा। उसकी जगह एक कुम्हलाया हुआ चेहरा उनकी आँखों के आगे घूम गया।

''यह क्या शैल! तुम्हें तो बुखार लग रहा है।'' शैल के गाल को छूते हुए निर्मल ने कहा।

''जाने क्यों, शाम को रोज़ ही ऐसा लगता है। बड़ी थकान भी लगती है, पर कभी टेम्प्रेचर लिया नहीं।''

''कितने दिनों से ऐसा रहता है?''

''करीब महीना-भर होने आया।''

''बड़ी मूर्ख हो तुम!'' और ड्रेसिंग टेबिल की दराज में से थर्मामीटर निकालकर उसने शैल के मुँह में लगाया।

इसके बाद डॉक्टर, दवाई, अस्पताल, एक्सरे।

ममी निर्मल को समझा रही हैं, ''मैं कहूँगी तो शैल और ये दोनों ही सोचेंगे कि मैं सौतेली माँ हूँ सो ऐसा कह रही हूँ, इसलिए तुम उन्हें समझाकर शैल को सैनिटोरियम में भेजने की व्यवस्था करवा दो।''

''पर ममी अभी डॉक्टरों ने निश्चित राय तो दी नहीं है कि टी.बी. ही है। अभी तो उन लोगों को केवल सन्देह मात्र है। इस स्थिति में यदि उसे सैनिटोरियम में भेजा जाएगा तो ज़रा सोचो, उसके मन पर कितना ख़राब असर पड़ेगा।''

लेकिन जल्दी ही डॉक्टरों का सन्देह निश्चय में बदल गया और ममी का अनुरोध निर्णय में। पिताजी ने थोड़ी ना-नुकुर की पर शैल ने बिना किसी विरोध के ममी का निर्णय मान लिया और सैनिटोरियम में भर्ती हो गई।

सैनिटोरियम के लम्बे अहाते को पारकर निर्मल पीछेवाले लॉन में पहुँचा। आराम कुर्सी पर बैठी शैल की पीली निस्तेज आँखों में चमक आ गई।

''तुम्हें रोज़ इतनी दूर से आने में तकलीफ होती होगी न?''

''नहीं तो, जरा भी नहीं।''

''हाँ, तब भी आया करना। सच कहती हूँ मैं सारा दिन इसी आसरे काटती हूँ कि तुम शाम को आओगे। आ जाते हो तो बड़ा हल्का-हल्का लगने लगता है, मानो मैं बिल्कुल स्वस्थ हूँ।''

शैल के बालों में उँगलियाँ चलाते हुए निर्मल ने कहा—''तुम सोचती हो कि मिलने की उत्सुकता केवल तुम्हीं में है। जब से तुम यहाँ आई हो, किसी काम में मन नहीं लगता। शाम हुई न हुई, मैं दौड़ पड़ता हूँ।''—फिर शैल की लम्बी पतली उँगलियों में अपनी उँगलियाँ फसाते हुए निर्मल ने कहा, ''जाने क्यों मेरा मन हर घड़ी कहता है कि तुम्हें टी.बी. नहीं हो सकती है? जिन कारणों से टी.बी. होती है, वह सब तो तुम्हारे जीवन में है नहीं—तुम अच्छा खाती हो, अच्छा पहनती हो, साफ़-सुथरी खुली जगह में रहती हो। पापा और मेरा प्यार तुम्हारे जीवन की हर घड़ी को सरस बनाए रहता है,'' फिर वह अपने आप ही निश्चयात्मक स्वर से बोल पड़ा—''नहीं-नहीं! यह डॉक्टरों का भ्रम मात्र है, तुम्हें टी.बी. हो ही नहीं सकती! असम्भव, एकदम असम्भव!''

''हो सकने का सवाल नहीं निर्मल, शायद है ही! मेरी ममी टी.बी. से

ही तो मरी थीं। हो सकता है शायद यही कारण हो।''

कुछ सोचते हुए निर्मल ने कहा—''अच्छा!'' उसके स्वर में उतार आ गया और बालों में अठखेलियाँ करती उँगलियाँ एकाएक ही शिथिल हो गईं।

''तब तो इसका मतलब हुआ कि तुम्हारे बच्चों को भी टी.बी. होगी!'' बालों में से उँगलियाँ निकालते हुए उसने कहा।

शैल खिलखिलाकर हँस पड़ी—''मेरे ही बच्चे क्यों? क्या तुम्हारे नहीं होंगे? अरे कहो, अपने बच्चे!''

निर्मल ने देखा, उसके चेहरे पर मातृत्व उमड़ आया और आँखें लाज से झुक-झुक गईं—पर जाने क्यों निर्मल इस बात पर न हँस सका और न हमेशा की तरह शैल के इस रूप पर बिखर-बिखर जाने को उसका मन हुआ।

आँखों में आए लाज के उस भाव से अपने सारे चेहरे को गुलाबी रंग से रँगते हुए शैल ने कहा—''देखो आज डॉक्टर आए थे तो मैंने उनसे कह दिया कि 23 मई तक मुझे अच्छा कर ही दीजिए, चाहे मुझे टी.बी. हो या टी.बी. का बाप! मुझे तब तक अच्छा होना ही है। पूछने लगे—क्या बात है 23 मई को?''

''अच्छा बताओ तो भला मैं अपने मुँह से अपनी शादी की बात कैसे कहती? अब तुम जाकर कह देना कि हमारी शादी है। समझे! कह दोगे न?''—पर निर्मल का मन जाने कहाँ खोया था। धीरे-से वह कुर्सी के हत्थे से उठा और सामनेवाली कुर्सी पर बैठ गया। निर्मल की उदासीनता की ओर बिना ध्यान दिए शैल अपनी ही धुन में कहती गई, ''देखो यहाँ सारे दिन पड़े-पड़े मन नहीं लगता सो मैंने एक साड़ी काढ़ना ही शुरू कर दिया है। हम लोग जब घूमने जाएँगे तो तुम देखना, मैं रोज़ एक-से-एक बढ़िया साड़ी पहनकर चला करूँगी। लोग-बाग कहेंगे—''वाह साहब, क्या ठाठ हैं तुम्हारी बीवी के''—और उसका मन छः महीने की अवधि लाँघकर एक क्षण में ही उस जगह जा पहुँचा जहाँ के सुनहरे सपने बुनते-बुनते ही शैल के रात-दिन बीता करते थे। पर जाने क्या था कि निर्मल न शैल की इन बातों में ही अपना मन रमा पा रहा था, न अपनी ओर से ही कोई ऐसी हल्की-फुल्की बात कर पा रहा था, जिससे शैल का कुछ कष्ट ही घटे। अवसाद के काले मेघ उसके मन पर धीरे-धीरे घने होते जा रहे थे। वह स्वयं नहीं समझ पा रहा था कि वह कौन-सी मजबूरी है, कैसी बेबसी है जो उसे खुलकर नहीं हँसने देती।

विचित्र-विचित्र शंकाएँ उसके मन में उमड़-घुमड़ रही थीं, और उनके नीचे दबा भाव-शून्य नज़रों से वह दूर कहीं देख रहा था, मानो उसे शैल की उपस्थिति का अहसास ही न हो।

मिस्टर वर्मा की भावशून्य नज़रें दूर के किसी अदृश्य-दृश्य में उलझी देखकर मिसेज वर्मा एक क्षण को रुकीं। पर उनका मौन भी मिस्टर वर्मा के ध्यान को अपनी ओर आकर्षित न कर सका। मिसेज वर्मा अपनी कहानी की इस उपेक्षा पर बुरी तरह खीझ पड़ीं और अपने पैर से उनके पैर को झकझोरते हुए बोलीं—''कहाँ ध्यान है तुम्हारा? कहानी सुन भी रहे हो या मैं यों ही बकवास किए जा रही हूँ?''

''एँ?'' अपने बिखरे फैले मन को समेटने का असफल-सा प्रयास करते हुए मिस्टर वर्मा ने मिसेज वर्मा की ओर देखा। उनके हाथ में कहानी के पन्ने देखकर उनकी चेतना लौटी तो सफ़ाई देते हुए बोले, ''कहानी ही तो सुन रहा हूँ। रात के इस सन्नाटे में तुम्हारी इस कहानी से मन जाने क्यों भारी-भारी हो आया।''—मिस्टर वर्मा के इस वाक्य को अपनी कहानी की सफलता मानकर परम तृप्ति के साथ मिसेज वर्मा ने आगे पढ़ना आरम्भ किया।

''लीला भारी क़दमों और उससे भी भारी मन लिए जेल में अपने पति से मिलने के लिए जा रही है। उसका रोम-रोम जानता है कि पति से जेल में मुलाकात करने का यह अन्तिम दिन है। वह चाहती है कि वह हँसकर अपने पति को विदा दे, पर लाख प्रयत्न करने पर भी मन का दुःख आँखों में फूटा-फूटा पड़ता है, और उसके क़दम और अधिक भारी, और अधिक शिथिल हो जाते हैं, फिर भी एक अलौकिक सन्तोष और तृप्ति की भावना उसके मन में है कि मरने से पहले वह अपने पति को अपना सब कुछ दे सकी! अपने को लुटाकर उसने उसे सुखी बनाया, धनी बनाया। जेल का फाटक आ गया—एक क्षण को वह ठिठकी।''

सैनिटोरियम के फाटक पर निर्मल के क़दम रुक गए। जिन क़दमों को अपनी सारी शक्ति लगाकर वह यहाँ तक खींच लाया, उन्होंने जैसे अब जवाब दे दिया। डॉक्टरों से हुई लम्बी बातचीत, माँ का भी टी.बी. से मरना, पिता की हताशा...शैल के चेहरे का निरन्तर बढ़ता हुआ पीला मुर्झायापन...ये सब वो जंजीरें थीं जिसने उनके पैरों को जकड़ लिया था। निर्मल जानता है कि फाटक में घुसकर लम्बे अहाते को पार करते ही वह शैल के कमरे के सामने

जा पहुँचेगा। शैल—जिससे मिलने के लिए कभी उसके क्षण युग-युग जैसे लम्बे हो जाया करते थे—वही शैल आज उसके इतने समीप है, फिर भी उसके मन में मिलने की कोई उत्सुकता नहीं, आतुरता नहीं। वह हृदय से शैल के पास जाना चाहता है, पर न जाने कौन है जो उसे निरन्तर पीछे की ओर घसीट रहा है। इस कशमकश में वह नहीं जानता, वह क्या करे! एक ठंडी निःश्वास उसके सीने से निकल जाती है और शैल का जर्द कुम्हलाया हुआ चेहरा उसकी आँखों के आगे घूम जाता है, जिसमें न कोई सौन्दर्य है, न कोई आकर्षण और न इनकी सम्भावना ही—फिर भी वह अहाते की ओर बढ़ता है। सैनिटोरियम के भवन की छत पर लगे हुए क्रॉस में उसकी दृष्टि उलझ जाती है। ओह! वह वहाँ से नजरें हटा लेता है। जाने क्यों, उसे ईसाइयों का यह पवित्र क्रॉस बड़ा ही मनहूस-सा दिखाई देता है। इसी क्रॉस पर तो कुछ निर्दयी लोगों ने निर्दोष ईसा को टाँगकर उनके प्राण ले लिए थे। वह नीचे अपनी परछाईं को देखते हुए आगे बढ़ता है। शैल के कमरे की निकटता उसकी चाल को और अधिक शिथिल कर देती है। आज पूरे पन्द्रह दिन बाद वह शैल के पास आया है। उसे कुछ-न-कुछ सफ़ाई देनी होगी, पर उसके रीते मन में कोई बात नहीं सूझती। वह दरवाज़े पर पहुँचकर देखता है—शैल पलंग पर लेटी है। पन्द्रह दिनों में ही वह जैसे बहुत कमज़ोर हो गई है। शैल ने देखा तो ऐसे स्वर से बोली जिसमें जीवन का कोई लक्षण ही न था—"बाहर ही बैठो निर्मल! मेरे कमरे में मत आओ। अब तो कफ में बुरी तरह खून निकलने लगा है।" निर्मल दरवाज़े पर ही ठिठक गया। बड़ी बेबस निगाहों से उसने एक बार शैल की ओर देखा तो महसूस किया मानो शैल का मौन चीख-चीखकर कह रहा है—"तुम्हें रोकना मेरा फर्ज था, मैंने रोक दिया, पर तुम्हें तो इस तरह नहीं रुकना चाहिए न? पन्द्रह दिन बाद आए हो, क्या एकबार भी अपनी प्यार-भरी उँगलियों से मेरे बालों को नहीं सहलाओगे?"

उसका मन होता है कि भीतर चला जाए, शैल को सीने से लगा ले, पर वह जहाँ-का-तहाँ रह जाता है—मौन, निरुत्तर!

शैल की आँखों में आँसू छलछला आते हैं—वह नज़र फेर लेती है। निर्मल का मन बुरी तरह कचोट उठता है। तभी ममी आ जाती हैं। बाहर खड़ी-खड़ी वे तबीयत का समाचार पूछ लेती हैं—उसकी आवश्यकता और सुख-सुविधा की बात पूछ लेती हैं—फिर कहती हैं—"शैल, बिन्नी और पप्पू आए हैं। रो-रोकर घर भर दिया कि दीदी को देखेंगे। हारकर लाना ही

पड़ा। बाहर खड़ा कर आई हूँ। तुम जरा खिड़की से सिर निकालकर दिखा दो तो उन्हें तसल्ली हो जाए।''

बच्चों के इस स्नेह की बात सुनकर शैल की आँखों में आँसू ढुलक पड़ते हैं। वह खिड़की से मुँह निकालती है, हाथ हिलाती है। उसके बाद उसका चेहरा भावशून्य हो जाता है। वह न ममी की ओर देखती है, न निर्मल की ओर। ममी फिर आने का आश्वासन देकर चल देतीं हैं। निर्मल अजीब-सी घुटन महसूस करता है। शैल उसे पन्द्रह दिन बाद आने के लिए उलाहने नहीं देती, झगड़ा नहीं करती—मानो उसने परिस्थिति को समझ लिया है और मौन भाव से स्वीकार कर लिया है। बात-बात पर मचलने, रूठने और मुँह फुलानेवाली शैल की यह मौन-स्वीकृति निर्मल से जैसे बर्दाश्त नहीं होती, पर...जब वह सोचता है कि यदि शैल इस लम्बी अनुपस्थिति का कारण पूछ बैठे तो उसके पास क्या उत्तर है? अपने मन के चोर से वह स्वयं भयभीत है, वह स्वयं उससे अनजान ही बना रहना चाहता है, शैल को बताने की बात तो उठती ही नहीं। उचित सच्चाई के अभाव में शैल के मौन से उसे व्यथा के साथ-साथ कुछ राहत भी मिलती है। शैल की नज़रों से अपने-आपको चुराती हुई उसकी नज़र बगलवाली दीवार के कैलेंडर पर जा टिकती है। वह देखता है—कैलेंडर में से फरवरी, मार्च और अप्रैल के पन्ने फाड़कर मई का पन्ना निकालकर रखा गया है, और 23 ता. के चारों ओर लाल पेंसिल से गोला बना रखा है उसका मन तड़प उठता है। वह चाहता है—शैल बोले, पर शैल बोलती नहीं। उसका मौन तुड़वाने के लिए अपनी सारी शक्ति बटोरकर निर्मल कहता है—''शैल, पिताजी का पत्र आया है। लगता है ट्रेनिंग के लिए मुझे जाना ही होगा।'' शैल सुनती है पर न उसके चेहरे पर कोई विकार उत्पन्न होता है, न उसका मौन ही टूटता है। अपने-आपको बड़ी कुशलता से बचाते हुए निर्मल शैल से कहता है, ''तुम सो जाओ शैल, अधिक देर बैठना शायद तुम्हारे लिए ठीक नहीं। अधिक बात करने के लिए भी शायद तुम्हें मना किया गया है। ठीक है, तुम चुप ही रहो। मैं भी चला। और देखो, समय-समय पर अपनी तबीयत के समाचार देते रहना। न हो तो ममी से लिखा भेजना।'' फिर अत्यन्त स्नेह से, कोमल स्वर में, बड़े आग्रह से उसने पूछा, ''ख़बर भेजोगी न?'' स्वर की इस आर्द्रता ने अनायास ही शैल के हृदय के मौन गुप्त तारों को झनझना दिया। उसकी भावहीन आँखें एक क्षण को निर्मल के चेहरे पर टिकीं! इन नज़रों में जाने ऐसा क्या था कि निर्मल

महसूस करता है जैसे वह बहुत बड़ा झूठ कहते हुए पकड़ लिया गया है। पर निर्मल में इतना साहस न था कि वह उसका सामना कर सकता। हाथ हिलाया और जल्दी से मुड़ गया।

आते समय उसके क़दम शिथिल और भारी हो रहे थे, लौटते समय उतनी ही स्फूर्ति के साथ वह चला जा रहा है। वह उस कमरे से काफ़ी दूर आ गया है, फिर भी उसे लगता है जैसे खिड़की में से झाँकते दो आँसू-भरे व्यथित नयन उसकी पीठ में चुभे जा रहे हैं! वह सीधा रास्ता छोड़कर अकारण ही मुड़ जाता है।

मिस्टर वर्मा के चेहरे पर अपनी कहानी की प्रतिक्रिया देखने की उत्सुकता में मिसेज वर्मा ने मिस्टर वर्मा की ओर देखा। वर्मा साहब की दृष्टि कहानी के पन्नों पर टिकी हुई थी, और उनके ललाट पर दो सल पड़े हुए थे जिसका कारण शायद चश्मे की अनुपस्थिति हो। पति को अपनी कहानी में यों डूबा हुआ देखकर मिसेज वर्मा के चेहरे पर प्रसन्नता की आभा छलक पड़ी, उन्होंने कहा—''देखो, इस पत्र को ध्यान से सुनना। यह लीला का अपने पति के नाम अन्तिम पत्र है।'' फिर स्वर में चैलेंज का पुट लाकर बोली, ''मैं दावे के साथ कह सकती हूँ कि पत्थर दिलवाला आदमी भी इसे पढ़कर बिना पसीजे नहीं रहेगा''—पर मिस्टर वर्मा के कानों में 'पत्र' शब्द के अतिरिक्त मिसेज वर्मा का और कोई शब्द नहीं पहुँचा। मिसेज वर्मा ने पत्र पढ़ना आरम्भ किया, लेकिन मिस्टर वर्मा की धुँधली आँखों के सामने एक और ही अस्पष्ट-सा पत्र उभर आया। धीरे-धीरे पत्र का एक-एक शब्द स्पष्टतर होता गया—

''प्रिय बेटा निर्मल,

समझ नहीं पा रहा हूँ कि यह पत्र तुम्हें कैसे लिखूँ, पर लिखे बिना रहा भी नहीं जा रहा है। शैल की हालत तो जैसी तुम छोड़कर गए थे, वैसी ही है, पर डॉक्टरों का कहना है कि यदि 23 तारीख को किसी भी तरह शैल की शादी कर दी जाए तो शैल के अच्छे हो जाने की काफ़ी सम्भावना है। इस स्थिति में शैल से विवाह करने की बात कहते हुए भी बड़ा संकोच होता है। किस मुँह से कहूँ, पर बेटी के प्राणों का मोह कहने को मज़बूर कर रहा है। एक दिन शैल का जीवन तुम्हारे हाथों में सौंपने का निश्चय किया था, वह आज भी तुम्हारे ही हाथों में

है—चाहे बचा लो, चाहे खो दो। बहुत सोचकर क़दम उठाना मेरे बच्चे! एक निर्दोष बच्ची और बेबस बाप की आत्मा तुम्हें युग-युग तक दुआएँ देंगी।''

मिस्टर वर्मा को एकाएक ही लगा जैसे उनकी साँस रुक रही है। उन्होंने दोनों हाथों से अपनी आँखें बन्द कर लीं। वह पत्र विलीन हो गया। पर उसकी जगह एक तार उभर आया जिसमें 23 मई को शैल की मृत्यु होने का समाचार था। मिस्टर वर्मा बद-हवास से उठ बैठे और चिल्लाकर बोले—''मेरा चश्मा दो।'' मिस्टर वर्मा की इन सारी हरकतों को अपनी कहानी की सफलता का प्रमाण मानकर मुस्कुराते हुए मिसेज वर्मा ने कहा—''बस चार लाइनें और सुन लो।''

''तुम मेरा चश्मा दो।'' वर्मा साहब क्रोध से झल्ला उठे। उनका स्वर बुरी तरह भर्राया हुआ था। इस अप्रत्याशित क्रोध को मिसेज वर्मा समझ नहीं पा रही थीं कि तभी वर्मा साहब चीख पड़े—''मैं कहता हूँ मेरा चश्मा दो, नहीं तो मेरा दम घुट जाएगा।'' मिसेज वर्मा के हाथ से चश्मा लेकर उन्होंने काँपते हाथों से अपनी आँखों पर चश्मा चढ़ाया तो उन्हें ऐसा लगा मानो किसी अतल समुद्र की गहराई में से, जहाँ केवल अन्धकार था और उनका दम घुट रहा था, वे बाहर निकल आए हैं। निश्चिन्तता की एक लम्बी साँस खींचकर उन्होंने अपने चारों ओर देखा। सामने मिसेज वर्मा श्वेत साड़ी में लिपटी, चेहरे पर आतुरता का भाव लिए बैठी थी। पास ही पलंग पर बच्चू निश्चिन्त भाव से सो रहा था। लॉन के चारों ओर के पेड़ रुपहली चाँदनी में नहाए खड़े थे और उनके अपने छोटे-से सुन्दर बंगले की दीवार से सटा हुआ रातरानी का पेड़ उन्मुक्त भाव से अपना सौरभ बिखेर रहा था।

रानी माँ का चबूतरा

आज रात को जब चबूतरे पर बैठक लगी तो औरतों की चर्चा का विषय पूर्णिमा को होनेवाला आयोजन था। कौन क्या पहनेगी, पूजा की थाली में क्या ले जाएगी, क्या मनौती मानेगी, आदि बातों पर चर्चा हो रही थी कि

रामी अपनी छोटी बहन धन्नी को लेकर पहुँची। बूढ़े काका ने अपनी चिलम दूसरे के हाथ में थमाते हुए कहा, ''बड़ी देर कर दी रामी। शायद बहन की ख़ातिर में लगी थी।''

''ख़ातिर हम क्या करेंगे काका, बच्चों को सुलाते-सुलाते देर हो गई।'' फिर बूढ़ी काकी की ओर घूमकर बोली, ''काकी, कल धन्नी को भी रानी माँ के चबूतरे पर दीया जलाने के लिए ले जाना है।''

''यह रानी माँ का चबूतरा क्या है?'' धन्नी ने कुछ कौतूहल से पूछा।

खरबूज़े के सूखे बीज छीलते हुए काकी बोली, ''वाह, कल से तुम यहाँ आई हो और रामी ने तुम्हें चबूतरे की बात भी नहीं बताई? क्या बताएँ बेटी, हम भागवान हैं जो रानी माँ के नगर में बसते हैं। बड़ी भागवंती नारी थी। आज भी मुझे वह दिन याद आता है तो आँखों में आँसू आ जाते हैं,'' और श्रद्धा से गद्‌गद हो बूढ़ी काकी ने काम को बीच में छोड़कर स्वर्ग में बसनेवाली रानी माँ को प्रणाम किया। बस्तीवालों के लिए यह कथा कोई नई नहीं थी; फिर भी दत्तचित्त होकर उस कथा को ऐसे सुनने लगे जैसे पहली बार ही सुन रहे हों। स्त्रियों का तो ऐसा विश्वास था कि जितनी बार इस कथा को कहेंगी या सुनेंगी, उनका पुण्य बढ़ेगा। हाथों को माथे पर छुआकर फिर अपना छोड़ा हुआ काम सँभाला और काकी बोली—

''यही कोई तीस साल पहले की बात होगी, हमारे नगर-सेठ के बेटे पर शीतला माई का कोप हुआ। पानी की तरह पैसा बहाया; पर शीतला माई तो कोई और ही खेल खेलने आई थीं। वे इन दवाइयों से क्यों शान्त होतीं भला? सब हार गए, और शीतला माई बच्चे पर ऐसी जमकर बैठीं कि न उसे मरने दें, न जीने दें। माँ तो सेवा करते-करते सूखकर काँटा हो गई। न खाने की सुध, न सोने की। भाग से एक साधू द्वार पर आया। रानी माँ की सूरत देखकर ही सारी बात समझ गया। वह कोई ऐसा-वैसा साधू भी नहीं, शीतला माई का भेजा हुआ साधू ही था। बोला, 'बेटी, तेरा बच्चा मौत के मुँह में है, पर तेरे प्रताप से ही बचेगा। सात दिन तू अन्न-जल का त्याग कर दे, तेरा बच्चा उठ खड़ा होगा।' रानी माँ के प्राण तो पहले ही आँखों में आए थे, उस पर सात दिन अन्न-जल का त्याग! सबने बहुत समझाया कि साधू की बातों में मत आओ, पर वह नहीं मानी। सात दिन बाद बच्चा तो उठ खड़ा हुआ, पर रानी माँ जाती रहीं।'' काकी का गला भर्रा गया, पास बैठी फूलो ने आँचल से आँसू पोंछ डाले। धन्नी ने अभी तक बच्चे की सूरत नहीं देखी थी; उसके

मन में जाने कैसा शूल चुभने लगा। काकी ने सूत्र जोड़ते हुए कहा—

"सारा गाँव इकट्ठा हुआ उस देवी के दर्शन करने को, अरथी ऐसे उठी कि राजा-महाराजाओं की भी क्या उठेगी! नगर-सेठ ने बहू..."

बीच में ही बात काटकर फूलो बोली, "केसर के छींटे की बात तो कही ही नहीं।" फिर उसने कुछ इस भाव से धन्नी को देखा, मानो कह रही हो, इस घटना की राई-रत्ती बात केवल काकी ही नहीं, वह भी जानती है।

"हाँ बेटी, जब उसकी अरथी उठी तो आसमान से केसर की बूँदें बरसी थीं। और तमाशा देखो, इतनी भीड़ में से क्या मजाल जो एक छींटा भी दूसरे पर पड़ जाए; बस खाली अरथी पर ही पड़ रहे थे छींटे।"

"फिर सेठजी ने अपने बगीचे में रानी माँ की याद में एक चबूतरा बनवाया। हर पूरनमासी को नगर की औरतें वहाँ दीया जलाने जाती हैं, अपने बच्चों के लिए मनौती मनाती हैं।"

रामी ने ज़रा काकी की ओर झुककर फुसफुसाते स्वर में कहा, "धन्नी को भी इसीलिए बुलाया है काकी, कि कल इससे दीया जलवा दूँ। ब्याह को चार साल होने को आए, पर अभी तक कोख नहीं फली। एक-दो साल और बीत गया तो वह किसी और को घर में डाल लेगा।"

"जरूर दीया जलवा, भगवान करेगा तो साल बीतते-न-बीतते गोद में बाल-गोपाल खेलने लगेगा। रानी माँ का आशीर्वाद कभी अकारथ नहीं जाने का।"

धन्नी लजा गई, साथ ही उसने यह भी महसूस किया कि यहाँ आकर उसने अच्छा ही किया।

काकी से ज़रा दूर बैठा गोपाल, जो बस्ती का सबसे मसखरा जवान था, बोल उठा, "काकी, मैं तो तुम्हारी रानी माँ का कमाल तब मानूँ जब तुम गुलाबी को रास्ते पर लगा दो।"

"नाम मत ले उस चुड़ैल का मेरे सामने! वह कोई माँ है? कसाइन है कसाइन! नहीं तो रानी माँ के चबूतरे में तो वह ताक़त है कि पत्थर में भी ममता उपज आए। पर वह तो हेकड़ीवाली ऐसी कि कभी उधर मुँह भी नहीं करती। भगवान करे उसका सत्यानाश हो जाए। सारी बस्ती पर किसी दिन पाप ला देगी।"

काका ने स्वर को ज़रा कोमल बनाकर कहा, "क्यों कोस रही है जेठा की माँ? बेचारी मुसीबत की मारी है।"

"तुम्हारा तो दूध ही झरता रहता है उसके लिए। बड़ी मुसीबत-मारी है!" गुलाबी के प्रति काका की इस सहानुभूति से चिढ़कर काकी बोली, "मुसीबत की मारी है तो सारी बस्ती मदद करने को तैयार है; पर वह तो हेकड़ीवाली ऐसी कि अपना ठेंगा ऊपर रखेगी। अरे, मैं तो कहूँ, जो अपने आदमी को झाड़ई मारकर निकाल दे, वह किसकी सगी होगी?"

"अब आदमी तो उसका था ही ऐसा कि मारकर निकाल दिया जाए। वह पसीना बहाकर कमाती और वह घर में बैठा दारू पीता। आख़िर उसे दो बच्चे भी तो पालने थे।" काका ने फिर गुलाबी का पक्ष लिया। काकी तैश में आ गई। बात रानी माँ से सरककर गुलाबी पर आ लगी।

"बड़े बच्चे पाल रही है मुँह-झौंसी! सवेरे उस काल-कोठरी में बन्द करके जाती है तो शाम को आकर खोलती है।"

गुलाबी के बग़ल की कोठरी में रहनेवाली रामी बोली, "काकी, धन्नी तो आज ही कह रही थी कि जीजी मुझे दिला दो एक बच्चा; मैं पाल लूँगी।"

"वह क्यों देने लगी? वह तो उनको कोठरी में बन्द करके मारेगी..." काकी अपना वाक्य पूरा भी नहीं कर पाई थी कि दूर खड़ी एक छायाकृति पास आई और बोली, "मारूँगी तो अपने बच्चे को मारूँगी, तेरे बच्चे को तो नहीं मारूँगी...तू क्यों मेरे बच्चों की चिन्ता में सूख रही है? खबरदार जो आगे से नाम लिया मेरे बच्चों का! बड़ी धरमात्मा बनी बैठी है!"

गुलाबी की उपस्थिति से क्या स्त्री-वर्ग और क्या पुरुष-वर्ग, दोनों ही ज़रा चौंक पड़े। काका ने बात सँभालते हुए कहा : "क्यों बिगड़ रही है गुलाबी? हम तो तेरे भले की ही बात कह रहे हैं। बन्द करके जाती है, कभी गर्मी में अन्दर-के-अन्दर ही घुटकर मर गए तो?"

"मर गए तो पाँच पैसे का प्रसाद चढ़ाऊँगी, पर मरें भी तो। मेरी जान को लगे हुए हैं निगोड़े।"

"तू तो प्रसाद चढ़ाएगी, पर सारी बस्ती को तो हत्या लगेगी। हमें क्यों पाप में सान रही है?"

"आ हाऽऽ, बड़े आए बस्तीवाले! पहले कोठरी खोलकर जाती थी तो मेरा छोरा सरकते-सरकते मोरी में आकर गिर गया। किसी ने उठाया तक नहीं। बड़े अपने बनते हैं। छोरा भी तो जाने किस माटी का बना हुआ है, सारे दिन मोरी के कीचड़ में सड़ता रहा; पर मरा नहीं; मर जाता तो पाप कटता।" गुलाबी क्रोध में बड़बड़ाती गली के नल पर चली गई।

"कहो काकी, कैसी रही?" गोपाल ने छेड़ते हुए पूछा।

"कौन मुँह लगे इस चुड़ैल के!" पर काकी का मन इतना खिन्न हो उठा कि वे अपने बीजों की पोटली उठाकर चल दीं। धीरे-धीरे सभी उठ गए और चबूतरे की सभा विसर्जित हो गई।

सवेरे सात बजे की सीटी बजी तो गुलाबी ने एक झटके के साथ अपनी कोठरी का दरवाज़ा बन्द किया। उसे बग़ल की कोठरी में से रामी-धन्नी की फुसफुसाहट सुनाई दी। बिना पूरी बात सुने ही वह भभक उठी, "जितनी बातें बना सको, बना लो चुड़ैलों! मैं तुम्हारी दबैल नहीं जो डर जाऊँगी।"

रामी ने वहीं बैठे-बैठे हाँक लगाई, "अपने रस्ते लग गुलाबी। किसका हिया फूटा है जो सवेरे-सवेरे तुझ नासपीटी का नाम लेगा?" गुलाबी कुछ कहती उसके पहले ही उसके दो साल के बच्चे का क्रन्दन कोठरी की दीवारों को चीरकर गली के सुनसान वातावरण में फैलने लगा। झल्लाकर उसने कोठरी खोली और अपनी नौ साल की लड़की मेवा की पीठ पर एक धौल जमाते हुए बोली, "नौ बरस की धींग हो गई, एक बच्चा नहीं रखा जाता। चल, उसे गोदी में उठाकर रख!" और उसी झल्लाहट में उसने कोठरी बन्द कर दी और दौड़ पड़ी। सात की सीटी बज चुकी थी और वह जानती थी कि अब यदि वह सारा रास्ता दौड़कर ही पार नहीं करेगी तो ठेकेदार वहाँ बैठे अनेक उम्मीदवारों में से किसी को भी काम दे देगा और वह आज की मजदूरी से जाती रहेगी; फिर वह सत्तू नहीं ला सकेगी, दाल नहीं ला सकेगी... उसने गति और बढ़ा दी, उस समय वह भूल गई कि रामी ने उसे नासपीटी कहा है या कि उसका बच्चा रो रहा है।

शाम को वह लौटी तो क्लान्त हाथों से उसने अपनी कोठरी का दरवाज़ा खोला। देखा, मेवा एक कोने में लुढ़की पड़ी सो रही है और दो साल का वह मांस का लोथड़ा मैले में सना हुआ मिमिया रहा था। रोने की ताक़त तो उसमें शायद रही भी नहीं थी। गुलाबी ने एक पूरे हाथ की धौल कोने में सोती हुई छोरी की पीठ पर जमाई, "पड़ी-पड़ी सो रही है चुड़ैल। चल, उठकर चूल्हा जला!" और वह उस मैल में सने बच्चे को उठाकर गली के नल पर चली। बराबर उसके मुँह से गालियाँ बरस रही थीं। चबूतरे पर उस समय काका अकेले बैठे थे, गुलाबी को बड़बड़ाते हुए जाते देखा तो टोक दिया :

"किसे कोस रही है गुलाबी ? अरे, कभी तो तू भी हँस-बोल लिया कर।"

"हँस-बोलकर मुझे किसी को रिझाना नहीं है ? बड़े आए हैं सीख देनेवाले ! तुम्हें तो नहीं कोस रही ? कोस रही हूँ उस दारूखोर को जो मेरी जान को ये कीड़े-मकोड़े छोड़ गया।"

"अरे, मैं तो तेरे भले की बात कह रहा हूँ। चार जनों के बीच आकर बैठा कर तो तेरा भी मन बहल जाए, पर तू तो सबको काटने को दौड़ती है।"

"हाँ-हाँ, मैं तो कटखनी हूँ, क्यों मेरे मुँह लगते हो ? ज़्यादा बकवास की तो दो-चार तुम्हें भी सुना दूँगी। बड़े आए हैं दरद दिखानेवाले।" और वह भन्नाती हुई अपनी कोठरी की ओर चल पड़ी। काका ने फिर उसे नहीं टोका।

चूल्हे पर दाल चढ़ाकर, बच्चे को गोदी में लेकर वह सुस्ताने लगी। सारे दिन की क़ैद भोगकर मौक़ा पाते ही मेवा कोठरी से बाहर भाग गई। जब दाल-सत्तू तैयार हो गया तो गुलाबी ने मेवा को खाने के लिए आवाज़ दी। मेवा आई तो उसके हाथों में काँच की हरी चूड़ियाँ चमक रही थीं। गुलाबी की नज़र पड़ते ही उसने पूछा, "ये चूड़ियाँ कहाँ से लाई री ?"

मेवा चुप।

"मैं पूछती हूँ, ये चूड़ियाँ कहाँ से लाई ?"

मेवा चुप।

"सुनाई नहीं देता क्या, बहरी हो गई है ?" और तड़ातड़ चाँटे पड़ गए उसके गाल पर, "चोरी करके लाई है न ? आज सब तो चबूतरे पर दीया जलाने गए हैं, किसी के घर में से चुरा लाई, क्यों ? चोट्टी, हरामजादी !" मुँह से गालियाँ और हाथों से चाँटे पड़ने लगे।

मेवा ने चीख़-चीख़कर सारी गली को सिर पर उठा लिया। तभी दीया जलाकर लौटी हुई रामी-धन्नी आ पहुँचीं, "अरे-अरे, छोरी के प्राण लेगी क्या ?" मेवा को अपनी तरफ़ खींचती हुई रामी बोली।

"मैं इसकी खाल खींचकर रख दूँगी। तू बीच में मत बोल रामी, नहीं तो सच कहती हूँ, दो हाथ तेरे भी पड़ जाएँगे। मेरी छोरी चोरी करे...चोरी करे... !" और उसका स्वर भिंच गया।

देखते-देखते काफ़ी भीड़ जमा हो गई। ज़रा सा अवसर मिलते ही गुलाबी फिर एक चाँटा जड़ देती। बूढ़े काका मेवा को दूर ले गए, तब गुलाबी चिल्लाई, "छोड़ दो काका, मेरी छोरी को ले गए तो ठीक नहीं होगा।

आज तुम बचाने आए हो, कल तुम लोग ही उसे चोट्टी कहते फिरोगे।"

किसी ने स्थिति को सँभालने के लिए कहा, "चोरी नहीं की है उसने, वह तो रामेसुर ने उसे दी है। नाहक मार दिया बच्ची को।"

"दी है, तो क्यों दी है? हम क्या भिखमंगे हैं जो किसी का दिया पहनेंगे? आज मेरे घर में कोई मूँछोंवाला नहीं बैठा है तो सब लोग भीख देने चले हैं। थू है उन पर! बड़े आए हैं दया दिखानेवाले!"

मेवा को काका के पास सुरक्षित समझकर सबने सोचा कि अब इस गुलाबी से बहस करना बेकार है, एक की चार सुनने को मिलेगी, सो सब चुपचाप खिसक गए। धन्नी, जो आज रानी माँ के चबूतरे पर दीया जलाकर जाने कैसी-कैसी आशाएँ मन में सँजोकर आई थी, बोली, "जब यह किसी की बात सुनती ही नहीं, तो तुम लोग क्यों इसके पचड़ों में पड़ती हो जीजी?"

"लड़ाई-झगड़ा तो चलता ही रहता है। सवेरे नल पर देखा है न, कैसी गाली-गलौज होती है, सिरफुटौवल की नौबत आ जाती है; पर साँझ को सब जैसे के तैसे। चार जने रहते हैं तो कहना-सुनना तो चलता ही रहता है बहन!"

गुलाबी ने काँच की चूड़ियों के टुकड़े बटोरकर अपने लिए जगह बनाई और बच्चे को लेकर सो गई। उस रात उसके यहाँ खाना-पीना नहीं हुआ। काका मेवा को लाकर जब छोड़ गए तब उसे मालूम पड़ गया; पर वह फिर कुछ बोली नहीं। एक बात ही उसके मन में घूम रही थी कि उसकी लड़की ने चोरी की...चोरी की।

पिछले दो दिनों से चबूतरे की बैठक का विषय है, सरकार की ओर से खोला हुआ 'शिशु-सुरक्षा केन्द्र'। काका ने कहा, "भगवान भला करें इस सरकार का। सरकारी स्कूल खोल दिए, जहाँ बच्चे मुफ्त में पढ़ लेते हैं। छोटे बच्चों के लिए यह केन्द्र खोल दिया। अब औरतें भले ही काम करें। पाँच रुपए महीने में दवाई-दारू भी कर देते हैं।"

"हाँ, काका, मैं देखकर आई हूँ। छोटे-छोटे पालने बने हैं, ढेर सारे खिलौने हैं, दाइयाँ हैं; बच्चों को शीशी से दूध पिलाया जाता है, पालनों में सुलाया जाता है। बड़े आराम से रखते हैं।"

धन्नी ने सोचा, उसको बच्चा होगा तब वह यहीं आकर रह जाएगी। उसके गाँव में तो ऐसा होगा नहीं। अपने बच्चे को पालने में सुलाने और शीशी से दूध पिलाने का सपना उसकी आँखों में साकार होने लगा।

गोपाल बोला, ''गुलाबी से कहो काका, कि अपने बच्चे को वहाँ भरती करवा दे।''

''तू ही कह न। बड़ा आया है गुलाबी का हितू! याद नहीं है, जब मेवा को स्कूल में डालने को कहा था तो कैसी गुर्राई थी!''

''तुम लोग तो बावलों जैसी बातें करते हो। मेवा को वह स्कूल में डाल देती तो उसके छोरे को कौन रखता?''

''तो अच्छी तरह मना करती। वह तो बस काटने को दौड़ती है।''

''अरे धीरे बोल काकी, नहीं तो अभी कहीं से निकलकर बम गिराने लगेगी। जब उसकी बात करो तभी टपक पड़ती है।''

पर उस दिन गुलाबी नहीं टपकी।

दूसरे दिन जब चबूतरे पर बैठक लगी, तब भी इसी तरह की चर्चा चल रही थी। गुलाबी अपनी लड़की मेवा को ढूँढ़ती हुई आई तो काका ने बात चलाई, ''अरे गुलाबी, देख तेरे छोरे के लिए सरकार ने केन्द्र खोल दिया है। वहाँ नाम लिखा दे अपने बच्चे का।''

''सरकार मेरी खसम है न, जो केन्द्र खोल देगी मेरे लिए। ये सब तो पैसेवालों के चोंचले हैं। मेरा कौन मरद कमानेवाला बैठा है जो पाँच रुपए महीने दे दिया करेगा!''

''बस्तीवाले चन्दा कर देंगे री। तू जाकर नाम लिखा आ।''

''किसी के दान-पुन्न पर पलनेवाली नहीं है गुलाबी, थूकती है तुम्हारे चन्दे पर।'' और अपनी लड़की को घसीटती हुई गुलाबी वहाँ से चली गई।

''लो और खाओ लड्डू,'' काकी ने चिढ़ाते हुए कहा : ''बिना गुलाबी से दो-चार झिड़कियाँ सुने इन्हें चैन नहीं।''

''आज रामी नहीं आई?'' बात का प्रसंग बदलने के लिए काका ने पूछा।

''धन्नी को विदा करने गई है।'' और इधर-उधर की बातें करके सभा समाप्त हुई।

दूसरे दिन गुलाबी ने उठकर अपनी कोठरी की दीवार पर लगाए हुए सुरक्षा-केन्द्र के विज्ञापन को फाड़ फेंका। जहाँ कहीं भी उसे विज्ञापन दिखाई देता, वह उसे फाड़ डालती, लोग देखते तो हँसते।

भरी दुपहरी में गुलाबी रेत की तगारियाँ उठा-उठाकर पकड़ा रही थी। कुछ

औरतें एक देहाती गीत गा रही थीं और छत कूट रही थीं। ठेकेदार रह-रहकर कुछ आदेश देता जा रहा था। गुलाबी का ध्यान अपने काम में था, पर अचानक ठेकेदार का स्वर उसके कान में पड़ा। पूरी बात तो वह नहीं सुन पाई, बस इतना सुना, ''इसी तरह तो ज़रा से आँधी-पानी से घरों की छतें टूट जाती हैं। ज़रा अच्छी तरह...'' उसने आसमान की तरफ़ देखा। कहीं बादल नहीं थे; फिर भी उसका हाथ रुक गया और उसके सामने उसकी कोठरी की टूटी-फूटी छत घूम गई। यदि किसी दिन छत गिर जाए तो... ?

''हाथ चला न?'' कड़ककर बग़लवाली औरत ने कहा। वह कब से रेत की तगारी लिये खड़ी थी। एकाएक गुलाबी को होश आया, ''चला तो रही हूँ। कौन तेरे बाप की नौकर हूँ जो हुकुम चला रही है?''

शाम को गुलाबी जब घर लौटी तो ठेकेदार से थोड़ी-सी सीमेंट और चूना माँग लाई। खा-पीकर जब सब सो गए; गुलाबी के घर से खटर-पटर की आवाज़ शुरू हुई। गली में सोए हुए गोपाल ने पूछा, ''आधी रात को क्या कर रही है गुलाबी?''

''तेरी कबर खोद रही हूँ। जाने कैसे लोग हैं इस बस्ती के कि गुलाबी के काम में टाँग अड़ाए बिना इन ससुरों की रोटी हजम नहीं होती।''

''मर चुड़ैल।'' और गोपाल सो गया। उस दिन सारी रात कोठरी में कुछ-न-कुछ काम होता ही रहा।

दूसरे दिन रामी ने आकर चबूतरे की बैठक पर सूचना दी कि गुलाबी काम से लौटी, खाया-पीया और फिर बच्चों को बन्द करके कहीं चली गई। जब रामी ने पूछा तो गुर्राकर बोली, ''जा रही हूँ अपने खसम से याराना करने। तू भी चलेगी क्या?'' साथ ही रामी ने यह भी बताया कि इस बात को घंटा-भर हो गया है; पर अभी तक गुलाबी नहीं लौटी। बच्चे दोनों बन्द पड़े हैं। कुछ कौतूहल और कुछ उपेक्षा-मिश्रित क्रोध से सारी बैठक गूँजने लगी। ''क्यों गई, कहाँ गई, इस तरह तो बच्चे मर जाएँगे, ये कैसी माँ है'' आदि अनेक बातें उठीं और ख़तम हो गईं। जानने की इच्छा सबके मन में थी; पर किसी में साहस नहीं था जो आने पर उससे पूछ सके।

गुलाबी का यह क्रम जब दैनिक हो गया तब तो कौतूहल का निवारण परम आवश्यक हो गया। बिना उस बात को जाने सबका जीना जैसे दूभर हो गया। काका ने अनुमान से कहा, ''कहीं, चौका-बरतन का काम करने जाती होगी, और कहाँ जाएगी बेचारी?''

''तुम्हारे लिए होगी बेचारी।'' काकी ने गुर्राते हुए कहा, ''हत्यारिन कहीं की! क्यों जाती है चौका-बरतन करने? मज़दूरी में क्या गुज़र नहीं होती? मुझे तो इसके लच्छन अच्छे नहीं नज़र आते। बच्चों की जान ले-लेकर धन कमाएगी?''

''क्यों परनिन्दा करती हो? उसकी वह जाने।'' बाहर से आते हुए गोपाल ने कहा, ''काकी, चलो, तुम्हें सिनेमा दिखा लाऊँ।'' पर काकी को इस समय यह मज़ाक़ नहीं भाया। वह गुलाबी की ही बात सोच रही थी। उसने धीरे से रामी से कहा, ''तू तो उसके पासवाली कोठरी में रहती है। ज़रा नज़र रखा कर न उधर। दस-बारह दिन हो गए और यह पता नहीं लगा कि आख़िर वह चुड़ैल बच्चों को बन्द करके जाती कहाँ है?''

''कोशिश तो करती हूँ काकी, पर पता ही नहीं लगता। एक दिन तो मन हुआ कि पीछे-पीछे जाऊँ, पर उस मुँह-झौंसी का क्या भरोसा, पलट कर हाथ ही चला दे।''

पन्द्रह दिन और बीत गए, पर कोई नहीं जान सका कि गुलाबी कहाँ जाती है। कुछ तो रहस्य का उद्घाटन न होने के कारण और कुछ बच्चों की यातना देखकर सबका आक्रोश बढ़ता जा रहा था। पर गुलाबी से पूछने का साहस किसी को नहीं होता। उस दिन भी बैठक में यही बातें हो रही थीं कि रामी ने आते ही ख़ुशख़बरी सुनाई, ''देखा काकी, रानी माँ के चबूतरे पर जलाया दीया कभी अकारथ नहीं जा सकता। धन्नो के गाँव से चिट्ठी आई है, उसका बाँझपन आख़िर दूर हुआ।''

काकी ने श्रद्धावश रानी माँ के आगे हाथ जोड़ दिए। गोपाल जब भी काकी को इस मुद्रा में देखता है, मज़ाक़ करने के लिए उसका मन मचलने लगता है। बोला, ''काकी, सारी बस्ती पर तेरा इतना रौब है, तू गुलाबी से दीया नहीं जलवा सकती? कल पूनो है, दीया जलवा दे तो तेरा रौब मानूँ।''

''वह जाए ही नहीं तो मैं क्या करूँ?'' झल्लाकर काकी ने कहा।

''तू कहे तो मैं कन्धे पर उठाकर ले जाऊँ।'' हँसते हुए गोपाल ने कहा।

जाने कब से गुलाबी वहाँ खड़ी थी। यह बात सुनी तो आग बरसाने लगी, ''आया है बड़ा गुलाबी को ले जानेवाला! हाथ तो लगाकर देख! असल मरद का बच्चा हो तो आ जाना कल।'' फिर औरतों को लक्ष्य करके बोली, ''तुम्हीं माँ बन-बनकर लाड़ लड़ाओ अपने बच्चों के और दीया जलाओ चबूतरे पर। मैं तो कसाइन हूँ, हत्यारिन हूँ। जब ये नाशपीटे मर

जाएँगे, उस दिन इकट्ठा ही दीया जलाऊँगी। बड़ी सब गुलाबी की चिन्ता कर-करके मरी जा रही हैं चुड़ैल!'' और वह अँधेरे में ही ग़ायब हो गई।

दूसरे दिन जब सब घरों में चबूतरे पर जाने की तैयारियाँ हो रही थीं, गुलाबी अपनी कोठरी में बैठकर बच्चों के लिए सत्तू घोल रही थी। सत्तू घोलकर उसने मेवा के सामने सरका दिया। मेवा ने पूछा, ''तू क्या खाएगी?''

''मुझे भूख नहीं है, चुपचाप खा ले।''

''कल भी तो तूने कुछ नहीं खाया था माँ?''

''कह रही हूँ, खा ले चुपचाप, सो नहीं होता। जीभ लड़ाए जा रही है बैठी-बैठी।''

''तू तो आजकल जरा सी ही सत्तू लाती है माँ। अपने लिए नहीं लाती?''

गुलाबी ने आँसू-भरी आँखों से मेवा की ओर देखा और खींचकर उसे अपनी छाती से चिपका लिया।

दोनों बच्चे जब खाना-पीना समाप्त कर चुके तो गुलाबी ने हँडिया से पैसे निकाले। बड़ी सावधानी से उन्हें आँचल में बाँधा, और जैसे ही मुड़ी तो देखा, रामी दरवाज़े पर खड़ी उधर ही देख रही है। बिना एक शब्द बोले उसने दरवाज़ा बन्द किया और चली गई।

जब सब औरतें वहाँ इकट्ठी हो गईं तो रामी बोली, ''दैया रे, आज गुलाबी ढेर सारे पैसे आँचल में बाँधकर गई है। वापस लौट आए तो समझना।''

''पैसे बाँधकर?''

''हाँ-हाँ, मैंने अपनी आँखों से देखा है। मुझे तो लगता है, चौका-बरतन की आड़ में कोई और ही लीला चल रही है।''

''कौन उस पर नीयत बिगाड़ेगा, सूखा छुहारा तो है।''

''मरदों का कोई भरोसा नहीं, जो न कर गुज़रें, सो थोड़ा।'' रामी मुस्कुराई।

जब दीया जलाकर औरतें लौटीं तो देखा कि गुलाबी की कोठरी वैसे ही बन्द थी। जल्दी-जल्दी कपड़े उतारकर चबूतरे पर बैठक हुई। सारी बातें बढ़ा-चढ़ाकर बताई गईं, ''रोज़ कब तक लौट आती थी?'' काका ने पूछा।

''इस समय तक तो लौट आती थी।'' रामी ने कहा।

''आज तो वह नहीं लौटने की, सारी बस्ती का काला मुँह कर गई चुड़ैल।''

''उसके बच्चों को कौन पालेगा अब?''

''चूल्हे में जाएँ उसके बच्चे। माँ होकर जब उसे ही दरद नहीं आया तो हमें ही क्या पड़ी है?''

गोपाल ने कहा, ''चाहे जो भी खरच हो जाए, कल ही जाकर रानी माँ के चबूतरे के पास ही गुलाबी का एक चबूतरा बनवाऊँगा। जब वहाँ दीया जलाने जाओ, तो लगे हाथ ही गिन-गिनकर दस जूते इसके चबूतरे पर भी मार आया करना।''

तभी काका ने सबका ध्यान गली के मोड़ की ओर खींचा। चाँदनी के प्रकाश में सबने देखा कि गली के ही दो आदमी गुलाबी के अचेत शरीर को उठाकर ला रहे हैं। चबूतरे की सारी भीड़ उस ओर दौड़ पड़ी।

'क्या हुआ', 'कहाँ थी', 'बेहोश कैसे हो गई'—प्रश्नों की झड़ी-सी लग गई। सबको वहीं छोड़कर काकी और रामी ने उसके अचेत शरीर को सँभाला और रामी की कोठरी में लिटा दिया। काका अन्दर आ गए, बाक़ी भीड़ को बाहर ही रखा।

''पानी के छींटे डालो और हवा करो,'' काका ने कहा। रामी उठकर पानी लाई और काकी हवा करने लगी, उसका आँचल हटाया तो बोली, ''हाय राम, इसका पेट तो पीठ से चिपक रहा है! लगता है, मानो दो-तीन दिन से कुछ खाया ही नहीं है। रामी, थोड़ा सत्तू हो तो घोलकर ला।''

''देख रही हो,'' काका ने अपनी नज़र गुलाबी के सूखे-मुर्झाए चेहरे पर टिकाए हुए कहा, ''एक महीने में क्या से क्या हो गई! जैसे बुढ़ापा आ गया हो। एक महीने से मैंने इसे पास से ही नहीं देखा था। और देखो, इसके कपड़े ढीले कर दो, उमस भी तो कितनी है!''

काकी ने अँगिया के बन्द ढीले कर दिए तो अँगिया में से काग़ज़ की एक पुड़िया सरककर ज़मीन पर गिर गई। काका ने कहा—

''देखूँ, क्या है?''

काकी ने पुड़िया पकड़ा दी—काका ने दीये के धीमे प्रकाश में पुड़िया को खोला तो देखा, काँच की छोटी-छोटी हरी चूड़ियाँ और 'शिशु-सुरक्षा केन्द्र' की पाँच रुपए की रसीद थी।

✪✪✪